ゴールドマン・サックス流
女性社員の育て方、教えます

励まし方、評価方法、伝え方　10ケ条

キャシー松井
ゴールドマン・サックス証券　副会長

693
中公新書ラクレ

はじめに

ここ数年、日本では女性活躍の推進がブームになっています。

近い将来、深刻な少子高齢化に見舞われ、確実に働き手が不足する日本においては、優秀な女性に仕事を担ってもらうのが最も手っ取り早い解決策になることは間違いありません。そうした経済合理性から、昨今では、首相官邸まで女性活躍の推進を掲げているし、その理屈は理解できる。そうは言っても、**「どうも女性の部下は使いにくくて……」とため息交じりに本音をもらす「ニッポン男児」の皆様。ぜひ本書を読んでください。**

私は、ニューヨークに本社を置くゴールドマン・サックス証券の副会長兼チーフ日本株ストラテジストとして仕事をしています。アメリカとアジアを中心に、世界中の企業で数多くの女性社員を見てきて思うのは、仕事の能力においては男女差よりも圧倒的に個人差のほうが大きいということ。ですが、確かに男性と女性では、仕事をめぐり、ある種の性差があるのも事実です。

それゆえに**女性の部下を活用するためには、ちょっとしたコツがあるのだと思います**。たとえば女性社員は男性社員に比べて昇進に対して消極的な反応を示す人が多い。日本でも優秀な女性社員を引き上げようとしたのに、当人から昇進を断られたという人が少なくないと思いますが、これは控えめな日本女性だからこその反応ではなく、欧米社会含め世界中で見られる傾向です。能力が低いからではありません。能力は十分にある。それなのに、遠慮する。不思議ですがこうした傾向が世界中で指摘されています。

だからといって、別に女性が扱いにくいわけではありません。女性社員は男性に比べて慎重な人が多いので、少し多めに励ませばいい——というのが私の結論。ほんの少し多めに励ましてあげれば、彼女たちは十分にその能力を発揮するのですから、難しいことではありません。

また、どんなに優秀な女性を採用しても、30代に差し掛かると離職の危険性が高まるのも世界共通です。近年は結婚・出産が理由で離職する人は激減しました。しかしながら、それらのライフイベント、とりわけ女性の場合、出産に一定の年齢制限があるため、30歳前後になると、その先の人生を懸命に見通そうとする人が多くなります。その際、将来が見通せないと、目の前に結婚・出産の予定がないにもかかわらず、環境を変えようとして他社からの誘いに乗りやすいといったことがあり、ゴールドマン・サックスでも30代女性の離職率の高さが問題になっていた時期がありました。

わが社の場合、優秀な女性社員を引き留めようとする取り組みの一つに、あの手この手で「私たちはあなたを見ていますよ」「あなたに期待していますよ」というメッセージを発信するというものがあり、本文で詳しくご紹介しますが、これは様々な形で制度化もしています。彼女たちに「会社は私の将来を考えてくれている」「会社に必要とされている」と実感してもらって、会社の中でがんばろうと思ってもらうためです。そしてこの取り組みは奏功《そうこう》しています。

本書は、優秀な女性社員を育て、会社に愛着を持ってもらい、かつパフォーマンスを

上げてもらうために何をすればいいのか——と人知れず悩んでいる日本全国の管理職や人事担当者に向けたメッセージです。女性社員の支援をめぐりゴールドマン・サックスが行ってきた取り組みを紹介しながら、組織力の向上のための具体策を一緒に考えていきたいと思います。

女性部下や女性の同僚と仕事をする男性陣はもちろんですが、**「わたしの会社はなんだか働きにくいな」と思っている女性の皆様にも本書をぜひ読んでいただきたい。**自分の会社の女性の活用について、何が足りないのか、どんなことを改善すればいいのかを確認するために本書を活用していただければこれほど嬉しいことはありません。上からの改革を待っているだけではなかなか組織は変わりません。女性社員にも組織の変革に向けて、自ら具体的な提言をしてほしいのです。それは会社のためにもなるはずです。

というのも、現在は日本のみならず、世界中の企業が優秀な人材を求める人材争奪戦時代に突入しているからです。なかでも少子高齢化が急速に進んでいく日本においては、優秀な人材をいかに獲得し、つなぎとめるかが企業の業績に直結します。その中で、人口の半数を占める女性を十全《じゅうぜん》に活用できなければ、これからのマーケットで戦えるはずがないのです。いま、女性活躍推進はどんな組織にとっても急務なのです。

女性が働きやすい会社は、男性にとっても居心地の良い会社です。本書が日本の組織、企業の変革のお手伝いに寄与することを願ってやみません。

キャシー松井

2020年5月14日

目次

第4条

女性は男性より セルフプロデュースが苦手と心しましょう ―― 65

多くの女性は、自己PRが苦手です
女性社員には「王子様は迎えに来ない」と教えましょう
女性は発言しましょう。上司は女性に発言させましょう
女性部下の意思を勝手に推し量るのはやめましょう

第5条

女性社員にメンターをつけてみませんか ―― 77

「メンター制度」は役に立ちます
部下の成果をPRすることが、
　あなたの成果にもつながります
上司たちのPRが大きな足掛かりに

たとえば、「リケ女（理系女子）」が少ないワケ
私自身にも、娘へのお土産はお人形……という
固定観念がありました

第8条

経験と憶測は、無意識バイアス（偏見）を助長しがちです

誰にでも無意識のバイアスがあります
「既婚」の「女性」は出張や転勤に向かない
——と決めつけないで
たとえば「気が強い」。
女性にだけ使われるネガティブワードに気を付けて
二面性を求められて自己像が揺らぐ女性たち
無意識バイアスをコントロールするために

構成／山田真理
本文ＤＴＰ／今井明子

ゴールドマン・サックス流
女性社員の育て方、教えます

励まし方、評価方法、伝え方　10ケ条

第1条

女性活躍は
トップダウンで

とにもかくにも、経営トップが旗を振らなければ女性の登用は進みません。会社全体で女性を育てる雰囲気を作ることが必要です。ゴールドマン・サックスはこんな風にして優秀な女性たちを育て、活用してきました。その取り組みを紹介します。女性活用と会社の業績の相関関係についてもご紹介しましょう。きっと女性の登用は必須とお分かりいただけます。

私が「ウーマノミクス」を書きました

私はゴールドマン・サックス証券の日本株ストラテジストとして、国内外の機関投資家に日本株式の展望を説明する仕事をしています。海外の投資家の関心というのは、マーケットや企業のみならず、国そのものの今後の成長に「期待が持てるかどうか」に大きく左右されます。

いまから四半世紀以上前の1994年、私は他の外資系金融機関から転職をしてゴールドマン・サックスで投資戦略を提案する仕事をはじめました。当時、他社でストラテジストをしていたのは日本人の男性ばかり。こちらは外国人でしかも若い女性。なんとか顧客に私のレポートを読んでもらおうと、いろいろ頭を悩ませました。当時の日本はバブル崩壊後で日本株は売られるばかり。海外の投資家は日本の財政赤字の膨張《ぼうちょう》や少子高齢化による労働人口減少などの構造問題を気にしはじめた時期。私の周囲で、「日本の明るい成長」に期待をする人はほとんどいませんでした。

顧客である投資家の皆さんに、日本が抱える問題に対する建設的な解決策を提示できないか。そう頭を悩ませていたときに浮かんだアイデアが「ウーマン」と「エコノミクス」を組み合わせた「ウーマノミクス」でした。働く女性が増え所得が増えれば、消費も盛り上がり、経済にもプラスになるというストーリーです。こうして、１９９９年に初めてのレポート「『ウーマノミクス』が買い」を書き上げたのです。

当時は投資家の皆さんに読んでもらえるレポートを書くことが目的で、日本社会を変えようなどという大それた考えは持っていませんでした。ただ、私自身がワーキング・マザーとして様々な経験をする中で、公認会計士や弁護士といった高難度の資格試験を突破したり、ＭＢＡ（経営学修士）を取得していた非常に優秀な女性の多くが、結婚や出産を機に仕事を辞め、以後、正規雇用の形では仕事に戻ってこないことに気がつきました。これがいわゆる「Ｍ字カーブ」と呼ばれ、30歳前後の女性たちの就業率が低くなっている現象です。

世界各国の男女平等の度合いをランキングした２０１９年の「ジェンダー・ギャップ

指数」が発表されましたが、日本は調査対象153ヵ国のうち121位。先進国の中ではダントツの最下位をマークし続けているのはもちろんのこと、お隣の中国や韓国より男女間の格差が開いているとされている。つまり日本という国は、どんなに優秀であっても女性であるというだけで仕事がしにくい、活躍が阻《はば》まれやすいということなのです。しかし、これは日本にとって大変な損失です。だって、人口の半分にあたる女性の才能が活かされていないのですから。

経済を成長させる条件は、人材・資本・生産性の3つしかありません。資本は有限であり、生産性の向上には時間がかかります。資源やエネルギーに乏しい日本にあって、いちばんの資源は人材といえるでしょう。人口の半分にあたる女性を人材として社会が活用し、働き手としても消費者としても女性のパワーが経済を牽引《けんいん》していく。そうした未来を描ければ、「日本の明るい成長」を内外に向けて力強くアピールできるのではないか。そう考えた私は、それから20年間、このテーマをずっと追い続けてきました。

官邸の打ち出す女性活躍の裏付けになりました

「ウーマノミクス」レポートは、発表直後に英国の「エコノミスト」誌に取り上げられ、またニューヨーク、香港、ロンドン、シンガポールの投資家からも大きな反響がありました。日本でも厚生労働省や政府筋から一定の注目はされました。ところが、肝心《かんじん》の日本の投資家や経営者の反応はいまひとつでした。今でこそ「ダイバーシティ」という単語を当たり前のように見たり聞いたりするようになっていますが、当時は「ダイバーシティって何ですか?」という時代でした。

その背景にあるのも、私がレポートを書くきっかけとなった「M字カーブ」と関係が深いかもしれません。1999年の時点で、日本の政財界の中枢《ちゅうすう》にいるのはほぼ男性であり、その配偶者であれ、母親であれ、彼らの周囲にいる女性は、結婚や出産と同時に仕事をやめた専業主婦であるケースがほとんどだったのです。そうした人々にとって、

「女性の活躍こそが日本の経済を救う道だ」と言われても、どうもピンとこないというのが本音だったのではないでしょうか。

「ウーマノミクス」のレポートは、その後も新たなデータや分析を加え、バージョンアップを重ねてきましたが、最初の発表から10年以上の歳月を経たとき、ようやく官邸の目にとまりました。

２０１３年、安倍晋三首相がアメリカの新聞、ウォール・ストリート・ジャーナル紙に「『ウーマノミクス』の力を解き放つ」を寄稿し、自身の経済政策「アベノミクス」の、いわゆる第三の矢である成長戦略として女性の雇用拡大を強力に推進する方針を打ち出します。いわゆる「女性活躍」です。その裏付けとして当レポートが使われ、急速にわが社の「ウーマノミクス」に対する社会的な注目度が高まることになりました。

そしてウーマノミクス誕生から20周年を迎えた２０１９年、これまでの成果と今後の課題を見直すために最新レポートを発表しました。

トップが旗を振りましょう

官邸の女性活躍の裏付けになったため、私のもとには、さまざまな企業のトップから「ウーマノミクスについて話を聞かせてほしい」という依頼が数多く寄せられるようになりました。それは非常に良い変化だと思います。というのも女性活躍の推進は、トップダウンで進めることが何より有効だからです。

家族の間でも、教えたわけでもないのに親の意識や行動を子どもはそっくり真似るものです。セクハラ、パワハラ、マタハラはもちろん論外ですが、企業のトップがいまだに前時代的な考えで女性を軽んじたり、活用を妨《さまた》げたりするような行動を続ける会社に優秀な女性は集まりません。私は20年以上日本の企業をリサーチしてきましたが、トップの考え方が消極的なのに、組織が女性活用に成功しているという例はほとんど聞いたことがありません。

たとえば社員を採用する場合でも、経営トップが「わが社は男女の別を問わず、優秀な人材を集めたい」という意志を示せば、組織を運営する人たちはそのガイダンスに従って社員を採用しようとするでしょう。企業の上層部が率先して優秀な女性にチャンスを与え、平等な報酬制度や登用の仕組みを作ろうとすれば、女性の活用に前向きではなかった人々の意識も変わっていくはずです。

たとえば、ゴールドマン・サックスでは、新たに人材を募集しようとする際、もしくは新しいポストに人を登用しようとする際に、その候補者の中に男性だけしかいない場合は、候補者リストを見直すように指示します。女性を候補として入れることを義務付けることで多様性を確保するように、最初の登用の段階から公平性を期すという努力をしています。

上司の応援で仕事を続けることができました

思い出すのが、私が１９９６年に第一子を妊娠したときのことです。ほぼ同時期に私の同僚も妊娠が分かったのですが、その段階で私たちのように一定のキャリアを積んだシニアのアナリストがワーキング・マザーになる例は東京のオフィスでは初めてのケースでした。もちろん当社にはグローバルスタンダードとして産休制度など福利厚生は整っていましたが、具体的に「４ヵ月産休を取ります」と言ったときに、私がそれまで抱えていた仕事の穴を誰が埋めるか、産休明けの仕事はどう始まるのか、不安なこともたくさんあったのです。

この際、非常にありがたかったのは、私のボスであった調査部長がはっきりと「あなたのポストは完全に保障されますから、安心して産休を取って、元気なお子さんを産んでください」と言ってくれたことでした。「何なら仕事のことはまったく忘れてもいいですよ」というくらい（笑）。またその部長も、４人の子どもを共働きで育てたイギリス人の男性でしたが、「子どもを持つのは本当に幸せなことです。心からおめでとう」と祝福してくれたことも忘れられません。

逆に――これは一般的な日本企業に勤める女性たちからよく聞いたことですが――妊

娠を報告したときに上司が「何ヵ月休むのですか、その間は誰が穴を埋めるのですか、戻ってきても席は確保できませんよ」とうろたえた態度を取っていたら、私も多くの女性たちのように仕事を続けることを迷ったかもしれません。

会社の制度として、またリーダーの意識としてダイバーシティを目指す環境であったからこそ、私は自分の仕事を続けることができました。ちなみに1999年に「ウーマノミクス」を執筆していたのは、二番目の子どもがお腹にいたときでした。

誰にとっても働きやすく、快適に仕事ができる職場環境にするためにも、ダイバーシティは非常に重要です。ゴールドマン・サックスは、すべての社員に公平な福利厚生を提供することを目標に、社員の年齢に従って変化する支援のニーズに応えています。2019年にはペアレンティング休暇（育児休暇）制度をあらため、男女問わず最大20週間の休みを取得できるようになりました。これは養子縁組で子どもを家族として迎えた場合にも適用されます。

社内に女性活躍推進担当を作るだけでは変わりません

女性活躍推進が、いま日本社会でブームのようになって盛り上がっていることは嬉しいのですが、その一方で、「なんちゃってウーマノミクス推進」とでもいったらいいのでしょうか、掛け声倒れに終わることを懸念《けねん》しています。というのも、「女性活躍が話題になっているから自分たちも何かやらなくては」「よそでもやっているようだからわが社でも何かやろう」といった付け焼き刃の取り組みでは、残念ながらあまり効果がないからです。

よくあるのは、ダイバーシティをタイトルにした部署を作り、その部長に女性を選任して、女性社員が話し合う様子をホームページにアップしたら「はい完了」というやり方。これではまったく何も変わらない。こうした担当部署をつくったところで、依然《いぜん》として女性の離職率が高いままであれば、やっぱり女性は駄目だということにもなりかねない。これこそ、不幸の堂々巡りでしょう。

大切なのは建前でなく、今後のビジネスを成功させ、会社が成長するために女性活用が欠かすことのできない条件なのだと心から納得したうえで、自分たちの会社にはどういった取り組みが必要かを考えること。いわばその会社のビジネスの柱と位置づけ、組織や制度の改革を進めることが必要です。

わが社が考え方の多様性を高める理由

そもそも、なぜ女性の登用が必要なのか。この説明をするにあたり、ゴールドマン・サックスがなぜ90年代半ばから経営戦略としてダイバーシティに取り組んできたのか、その理由について説明してみましょう。

ダイバーシティとは、多様な人材を積極的に活用しようという考え方です。もとは社会的マイノリティの就業機会拡大を意図して使われることが多かった言葉ですが、現在はジェンダーや人種の違いにとどまらず、国籍、宗教、年齢、障がいの有無、性的指向・性自認、学歴、価値観など、すなわち「考え方の多様性」を受け入れ、幅広い人材を活用することで生産性を高め、企業の競争力につなげようとする経営手法のことを指すようになっています。

当社では2001年にグローバル・リーダーシップ・アンド・ダイバーシティ（GLD）という専門の部署が立ち上がり、グローバルベースでダイバーシティを推進するための取り組みが始まりました。経営理念にも「多様化は選択肢ではなく、我々のあるべき姿である」という一文を加え、ダイバーシティを重要なビジネス戦略として位置づけているのです。

ダイバーシティを積極的に推進するのには、3つの理由があります。

1つは、言うまでもなく人材の確保です。優秀な人、能力の高い人を見つけるには、採用の対象が幅広いほうがいい。男性か女性か、また国籍、年齢などの条件で範囲をせばめてしまえば、私たちの会社にとって有益な人材を取りこぼしてしまうおそれがあるでしょう。

少子化が進む日本では、人材確保は「競争」を越えて「戦争」であるとも言われます。そんななか、女性活用を含むダイバーシティ戦略は、採用においても大きな武器になるでしょう。ゴールドマン・サックスは世界中におよそ3万8000人の社員がいますが、その約7割が、2000年代に成人あるいは社会人になった「ミレニアル世代」です。彼らはワーク・ライフ・バランスを重視して、働きやすい職場環境を就職先に求めています。女性や性的マイノリティが働きやすい職場はだれにとっても働きやすいはず。今の若い世代から選ばれる会社であるためにもダイバーシティ戦略は必須です。ゴールドマン・サックスはLGBTの学生向けの会社説明会を毎年開いています。

2つめは、すべての社員にとって働きやすい職場を作ることが業績の向上につながるからです。いうまでもないのですが、ゴールドマン・サックスには、さまざまなバックグラウンドの社員が集まっています。女性はもちろんのこと、世界中から優秀な人材を募っているのですから、性別どころか人種も宗教も違う人が多く、当然、価値観も大きく異なります。ですから、日本人男性が中心の日本企業とは異なり、社員同士、お互いに理解し合うことが難しい。相手の立場に立って考えたり行動したりすることが業績にかかわる重要な問題になるのです。

３つめの理由は、多様性によってイノベーションが生み出されるからです。

多様性のあるメンバーが集まれば、社員それぞれの価値観が異なるので、似たような境遇で育ってきた社員が多い同質性の高い組織に比べてはるかに多くの摩擦《まさつ》が起こります。しかし同時に、これまで考えられなかったような新しいアイデアが生まれてくるのも事実です。

私は男性の中で働く女性たちへのアドバイスで、「男性と違うパースペクティブ（展望）を持つからこそ、あなたには価値がある」という話をします。

基本的なことを言えば、商品やサービスを選ぶ消費者の半分以上が女性です。女性の視点、女性の意見を取り入れない企業が、マーケットで生き残るのは非常に難しいと思います。

いまの日本は、ただ効率よくモノを生産するだけでは世界に太刀打ちできなくなっています。日本が中国にＧＤＰを追い抜かれ、その差が開き続けていることを見てもこれは歴然としています。成熟国家となってニーズが多様化した今の日本社会に求められるのは、「効率」ではなく新しいことを生み出す「創造力」なのです。

そして、「創造力」を高めるには新たな発想を取り入れることが欠かせない。だからこそ、ここ十数年間、多様性の確保が鍵になると指摘され続けてきました。そして、最も身近な多様性の確保とは、いうまでもなく人口の約半数を占める女性の意見を取り入れること。

たとえば、**グローバル企業３００社を対象に米コンサルティング会社マッキンゼーが実施した２０１７年の調査によると、女性役員比率が高い企業は女性役員がいない企業に比べて財務指標が優れているという結果が出ています。**（出典：McKinsey & Company Women Matter: Time to accelerate: ten years of insights into gender diversity〈２０１７年〉）

女性活躍を推進することできっと会社は成長します。ぜひ女性活用に本気になっていただきたいと思います。

ダイバーシティは「コスト」ではなく「投資」

育児支援をはじめとして、ダイバーシティには「コスト」がかかると考えられがちです。しかしその意識を「投資」と変えてみてはどうでしょう。マーケットを見渡し、今後、必要となる人材、アイデア、イノベーションの可能性に「投資する」。それは企業のトップとして、避けられない挑戦であると私は考えます。

どうすれば女性が活躍できる環境や支援を用意できるかは、一律にアドバイスはできませんが、有効なのは、実際に働いている人たちの意見を平等に聞くことです。**この会社で長く働き続けてほしいと考える優秀な女性に対して、「今の環境に何か問題がありますか？」「長く働いてもらえますか？　もしダメなら、その理由を聞かせてください」と率直に聞いていくことで、いろいろな声が上がってくるでしょう。**

それを他の経営陣や男性社員も交えて、みんなで話し合う場を設ける。トップも含め、男性たちはまったく問題ないと思っていたことが、女性には非常に働きにくい環境であったということも、往々にしてあると思うからです。

当社では、２００９年という日本国内では非常に早い段階で、事業所内託児所（東京チルドレンズ・センター：ＴＣＣ）を開設しました。ワーキング・マザーたちへの聞き取りを進めるうちに、大きなニーズがあることがわかったからです。自宅周辺で保育所に空きがなく、なかなか復職できないケースが多かったことも分かってきました。

今は政府の後押しもあり、企業内保育所の数も増えましたが、当時、まだ日本には社員専用の託児所という発想はほとんどなく、世間から驚きをもって受け止められました。企業が自分たち専用の託児所を作るというのは、コストもかかるし、クリアしなければならない法律もあって、簡単なプロジェクトではありませんでした。当時はリーマンショックの直後ということもあって、計画を実施するかどうか、難しい判断を迫られましたが、優秀な女性に働き続けてもらうためにはどうしても必要だという考えから決行に踏み切りました。

生後57日から未就学児までを持つ女性社員だけでなく、子どもを持つ共働きの男性社員の多くもTCCを利用しています。この託児所が出来たことで明らかに出産をきっかけに退職する人が減少したのみならず、「TCCがあるから」という理由でゴールドマン・サックスに入社したという新入社員もいるほどです。あの時の社長の決断は本当に立派だったと思っています。**やはりトップが本気になれば会社は変わります。**

さらに2015年からは、家事手伝いの優待プログラムや介護支援プログラムを開始。介護支援プログラムでは、社員の家族1人あたり年間100時間の介護サービスを無料で利用できるようにしました。これも、女性が今まで担ってきた子育てや介護をアウトソーシングすることで、できるだけ長く仕事を続けられるようにと考えた支援策です。

優秀な女性社員を集めるためには、当の女性たちにどうあればいいかを聞いてみる。これは基本の基本ではありますが、意外に実践していない企業もあるようですからおすすめしておきます。

第2条

男性より少し多めに励ましましょう

能力の有無は個人差でも、性差による「遠慮」はあります。日本、アジアのみならず、女性活躍の推進が進んでいるアメリカであっても女性たちは男性に比べて昇進に消極的であるということを知っておいてください。

世界中、女性は昇進を躊躇するという傾向があります

読者のなかには、過去に自分の会社で能力のある女性を高いポストに就けようとしたものの、本人から「自分はまだ力不足です」と辞退されて落胆した人がいるかもしれません。私自身、経営トップに向けた講演会などの質疑応答で、「女性活用を進めようとしても、肝心の女性たちが昇進したがらない。どうしたらいいのだろう」という相談を受けることも多いのです。

そこで私が話すのは、「断られたとき、あなたは何をしましたか。簡単に諦めて『では今のポストで満足なんですね』と引き下がったのではありませんか。それでは何も変わらないですよ」ということです。

ダイバーシティや女性活用に意欲と推進力のある経営者として知られ、ジョンソン・エンド・ジョンソン（J&J）日本法人やカルビー株式会社でトップを務めた松本晃さ

んも、何度かそうした経験をしたそうです。女性の部下が昇進を断ってきたときに松本さんは、「私がトップとしてあなたを全面的に支えます。失敗するリスクはゼロではないけれども、そのときは私が責任を持ってサポートをする。だから心配しないでがんばってください」と励ましたそうなのです。

それでも尻込みする女性に対しては、「もし駄目だったら、もとのポストに戻ればいいじゃないですか」とまで声をかけ、女性管理職たちの後押しをした。これがターニングポイントになって、女性の管理職が生まれ始めたそうです。

そうなればしめたもの。高いポストに就いて活躍している女性たちを見て、その周囲にいる女性たちも「あの人にできるなら、私もがんばればできるかもしれない」「先輩ががんばっているのを見ていたら、私も管理職を目指したくなった」とばかりに後に続いていったそうです。

そうした取り組みが成果をあげ、ジョンソン・エンド・ジョンソン社は2018年の「女性が活躍する会社BEST100」の1位に。カルビーも女性活躍に優れた上場企業を選定する「なでしこ銘柄」に7年連続で選ばれています。また両企業とも、その間に業績を大きく伸ばすことに成功しているのです。

松本さんが女性たちに対して行ったのは、「私はあなたを見ています。あなたの能力を信じています。この仕事をきっとあなたはやり遂げると信じています」と相手を勇気づけ、後押しすることでした。

どうしてそんな面倒なことをしなければならないのだろう——と思うかもしれません。そこには女性が、男性よりも慎重——言い換えれば「用心深い」という傾向があることをぜひ知っていただきたいと思います。「それは日本女性の嗜《たしな》みだからだろう」とお考えでしょうか？　いいえ、実はその傾向は全世界的なものなのです。

男性より多めに励まさなければいけないワケ

世界最大のソーシャル・ネットワーキング・サービス、フェイスブックの最高執行責任者（COO）のシェリル・サンドバーグ氏が、2013年に発表した著書『LEAN IN《リーン・イン》

女性、仕事、リーダーへの意欲』。「一歩を踏み出す」というタイトルを持つ本書は、本国アメリカでも100万部以上を売り上げ、全世界でベストセラーになりました。

タイム誌が選ぶ「世界で最も影響力のある100人」にも名を連ねる彼女が、なぜいまだにアメリカの政府や企業のリーダーの大多数は男性なのか。なぜ女性のリーダーが生まれにくいのか。その原因を、自身の経験もまじえて率直につづっており、女性活躍に関心のある読者の皆さんにも非常に参考になる著作だと思います。

〈女性は職場でさまざまな障害物に直面している。陰に陽に現れる男尊女卑の思想、性差別、そしてセクシャル・ハラスメント……。（中略）

社会に築かれた自分の外の障壁に加えて、女性は自分の中の障壁にも行く手を阻まれている。私たち女性は大望を掲げようとしない。それは自信がないからでもあるし、自ら名乗りを上げようとせず、一歩踏み出すべきときに引いてしまうからでもある。私たちは自分の内にネガティブな声を秘めていて、その声は人生を通じて囁きつづける――言いたいことをずばずば言うのははしたない、女だてらにむやみに積極的なのは見苦しい、男より威勢がいいのはいただけない……。私たちは、自分に対する期待を低めに設定する。相変わらず家事や育児の大半を引き受けている。夫やまだ生まれてもいない子供のために時間を確保しようとして、仕事上の目標を妥協する。男性の同僚に比べると、上の地位をめざす女性は少ない。他の女性のことをあげつらっているわけではない、私自身が同じ過ちを犯してきた。いやいや、ときにいまも犯している。

女性が力を手にするためには、この内なる障壁を打破することが欠かせない――これが、私の主張である。〉

（『LEAN IN《リーン・イン》　女性、仕事、リーダーへの意欲』シェリル・サンドバーグ著、村井章子訳、日本経済新聞出版社、２０１３年、Ｐ15、Ｐ16）

なぜ女性は男性に比べてポストが上がることに対して一歩を踏み出すべきときに「引いて」しまうのか。程度の差はあると思いますが、女性はリスクを取るよりも、確実な道を慎重に進む傾向があるからかもしれません。

これも講演会などでよくお話しするのですが、たとえばあるポストに就くために必要なスキルが10あるとして、ある男性はそのうち3つしかスキルがないのに「私は10のうち最も大事な3つのスキルでトップクラスの実力を持っています。だから昇進させてください」とアピールする人が多いです。それに対して女性は、7つスキルを備えているのに「私は3つのスキルをまだ備えていませんから、昇進にはふさわしくありません」と答えてしまう人が多い。これは、自信が無いことのあらわれではないと思います。女性が男性よりすこし慎重なだけだと思います。

慎重であること、高いリスクを取らずに足元からこつこつと実績を重ねていく女性の特性は、ビジネスの現場で必ずしもマイナスばかりとはいえません。10のうち7つのスキルを備えた女性が、「あなたを信じています。あなたなら出来ます。男性たちを含めたなかでも、あなたが最適だと思います」とトップから励まされ、応援を受けることで、高いパフォーマンスを発揮する例も多いからです。

女性に優しくし過ぎないで

もう一つ、女性が昇進に対して「慎重」になってしまう理由の一つとして、第1条でも触れた「M字カーブ」の問題があるでしょう。

社会に出て就職しても、結婚して子どもが生まれたらいったん仕事を辞め、そして子どもが大きくなったら再び仕事に就くという、日本独特の女性の働き方です。近年は共働きが増え、子どもが生まれても仕事を辞めない女性は増えてきました。しかし保育所に入れない、入れたとしても子育てをしながらの激務はつらい、また子どもとの時間を大切にしたいといった思いから、会社で責任あるポストに就くことをためらう女性も少なくないと思われます。

また子育てを終えて職場に復帰しようとする40代から50代には、親世代の介護という新たな問題も出てきます。核家族で兄弟の少ない人が多いなかで、複数の親を同時にみる人も今後は増えていくでしょう。

しかし多くの企業が間違ってしまうのは、そうした女性の迷いや事情を察して、彼女たちをタフな仕事や厳しい挑戦の機会から遠ざけてしまうことです。それを「優しさ」と勘違いしてはいけません。「優しく」扱われた女性たちは、「この職場に自分が必要とされている」という実感が持てず、仕事に面白さややりがいも感じられない。そこで結婚や子育て、介護といった重要なライフイベントが起きると、そちらのパワーに引っ張られ、迷いながらも結局は職場を去るという選択をしてしまう危険が高まります。

優秀かつ能力が高く、成長の可能性を秘めた女性の人材には、できるだけ早い段階からタフなポスト、やりがいのあるチャレンジの機会を与え、「自分はこの会社になくてはならない存在だ」「期待をされている」という自信を持たせるほうが得策である場合が少なくない。男性並みの厳しい機会を与えることも必要です。すくなくとも私は経験上、そう確信しています。

また、スキルが不足しているのに「女性だから」という理由で優遇するのも間違いです。それでは本人が周囲から「女性だから昇進したのだ」と悪意を持って見られてしまい、本人もやりにくくなってしまうでしょう。経営トップとして、人の可能性を見抜く目、励まして育てる力量が試されると思います。

女性たちよ、ぜひ昇進を目指してくださいね

加えて女性たちに言いたいのは、昇進の機会に恵まれたなら、ぜひチャレンジしてほしいということです。

私は約20年前、もうひとりの部長とともに調査部門の共同ヘッドという立場になりました。もちろん部署のリーダーになるのは初めての経験でした。

当時の私は会社が私を選んだのだから、きっと「リーダーとしての振る舞い方、行動の仕方」といったマニュアルをくれるものだと思っていました（笑）。ところが何ももらえない。「おめでとうございます」と拍手され、「さあ今日からリーダーとして行動してください」。それは、私の人生でもこれまでにないチャレンジでした。

組織のリーダーになるということは、その役職にあった言動が求められます。たとえば簡単なことでいえば、毎朝オフィスに入るときに、さほどハッピーじゃなくても元気に「おはようございます！」と声を出さなきゃいけない。トーンセッティングといいますか、雰囲気づくり、グループの風土を作っていく責任をとても強く感じました。

もちろん戸惑いもありましたし、失敗もしました。いうなれば、それまで経営分析、企業分析に使ってきたアナリストとしての「筋肉」と、組織をまとめるリーダーとしての「筋肉」はまったく別物だったのです。運動という意味では同じでも、慣れない筋肉を使えば問題も起こります。でも子どもが新しい運動を覚えるのと同じで、だんだんとリーダーとしての動きに慣れてくる。失敗を繰り返さないために、何をしたらいいかも分かってきます。

より高いレベルにいる経営陣と接する機会も増え、彼らから有益なアドバイスや励ましを受けるチャンスもできました。会社が与えてくれたチャレンジは、私の世界を大きく開くきっかけになったのです。だから多くの働く女性たちに言いたいのは、ぜひ昇進を目指してみてくださいということ。昇進というチャンスに恵まれたら、ぜひチャレンジしてほしいのです。

また、繰り返しですけれど、日本の男性管理職には、女性を昇進させようと思ったら、男性より一言多く、励まさなければならないということをぜひ覚えておいてほしいのです。

第3条

30代は辞め時。社内に女性のネットワークを組織して引き留めましょう

ゴールドマン・サックスでも女性は、結婚・出産に差し掛かる30代は自分の人生を見つめなおす時期でもあります。そんなとき、同じ悩みを打ち明けられる横のつながりが社内にあると支えになり、会社に残る可能性が高くなりますから、意識的に女性のネットワークを作りましょう。

男性中心の組織だと、女性は社内の情報収集の輪に入りにくいのです

「女性が昇進をためらう」ことと並んで、読者の皆さんが頭を悩ませている問題。それは、「女性が長く勤めてくれない」ことではないでしょうか。せっかく優秀な女性を採用し、将来のリーダーとして大切に育ててきたのに、「これから」という時期の30代に会社を辞めてしまう。「期待を裏切られた気分だ」というため息が、あちこちから聞こえてきそうです。

実はゴールドマン・サックスでもキャリアを積んだ女性が出産などをきっかけに辞めてしまうケースが多くありました。当社の日本法人は新卒採用のほぼ5割が女性です。入社から5～6年はそのままの比率で推移するのですが、10年目をすぎた辺りから女性の比率が下がって3割ほどになってしまう。そうした状態が、長く続いていたのです。

そこで、女性に向けたある取り組みを意識的に強化したところ、女性の離職率が明らかに下がっていきました。

その取り組みとは、社内の女性同士のネットワーク作りを会社が支援するというものです。言わば会社公認のネットワークです。ジャパン・ウーマンズ・ネットワーク（JWN）という名称で、女性社員の職場環境の向上、また女性社員の定着を促進することを目的に、たとえば外部のスピーカーを招いた講演会を開くなどさまざまな活動を行っています。社員であれば年齢や役職を問わず、また男性たちも参加できるのが特徴。このため、女性社員が抱える悩みや働き方の問題について、幅広い人々に理解してもらえるという利点もあります。事業所内保育所を設置するときにも、大きな役割を果たしたのがこの女性ネットワークでした。

とはいえ、設立当初は期待したほどの効果もインパクトもありませんでした。なぜなら、女性のための女性によるネットワークだったからです。そこで男性の幹部社員にスポンサーとして参加してもらったところ、多くの男性社員がネットワークの活動に参加してくれるようになり、社内でのダイバーシティの意識が高まることになったのです。

もちろん女性の離職率が下がったことには、前述した事業所内保育所などインフラの整備、制度の充実といった、さまざまな取り組みがあったと思います。ただ私個人としても、「女性のネットワーク」には非常に大きい意味があると信じていますし、女性の活用を考えている企業の皆さんにもぜひ取り組んでほしいことなのです。

「女性はコミュニケーションが上手だし、放っておけばネットワークくらい作れるのでは」とお考えでしょうか。いいえ、それは皆さんが考えるほど簡単なことではありません。

一つには、インフォーマル（形式ばらない）なコミュニケーションの機会が女性の社員には少ないことがあげられます。特にこれまで男性社員の比率が高かった会社では、同じ学校、同じスポーツの部活出身であるとか、同じ趣味を持っているなど、男性同士の間には、なんらかのネットワークがあり、つながっている場合が多いのです。しかし、その輪へ女性が加わっていくのは、なかなか難しいと思われます。これは何も日本だけの現象ではありません。アメリカでも「ボーイズ・クラブ」と呼ばれ、結束力が強く、女性は決して入り込めないネットワークが昔から存在しています。

また女性は家庭を持つとどうしてもプライベートに使う時間が増えるため、仕事後の飲み会のようなコミュニケーションに時間が割けないという事情もあります。

さらに大きいのは、仕事に関するネットワーキングが男性のほうが巧みだということ。たとえば自然な会話のなかで、「あの人が転勤しそうだ」「次に昇進するとしたら誰か」といった情報をやり取りするのは、圧倒的に男性同士のコミュニティの内側であることが多い。もともと女性はその輪から外れていますし、その場にいたとしても遠慮があって、深い事情までなかなか聞き出せないものです。

あるいはこうした例もあります。当社でも、男性社員はためらいなく「キャシー、１分だけ時間をもらえませんか」と上司である私のオフィスのドアをノックします。エレベーターの前でつかまって、話しかけられることも多い（笑）。そうして彼らは「私はプロジェクトでこういう成功を収めたのだけれど、次の昇進はあるでしょうか」といった踏み込んだ会話を、率直に持ちかけてきます。

では女性はそうした場合、どうするか。「キャシー、私に時間をもらえるとしたらいつが都合がいいでしょう」と私のカレンダーを確認し、予定が空くのが１ヵ月、２ヵ月先だとしても辛抱強く待って、それからおもむろにオフィスのドアをノックするのです。もちろんフランクなネットワーキングに長けた女性もいます。でも圧倒的に男性のほうが積極的ですし、気負いなくできている印象があります。日本特有のことではなく、グローバルにその傾向があります。

もう一点、女性は仕事上の立場や、未婚・既婚、子どもの有無や年齢などプライベートな条件によっても悩み事や知りたい情報が違うことも、コミュニティの作りにくさにつながっています。会社の規模が小さかったり、女性社員の比率が低い職場では、同じような悩みを持つ女性たちと知り合えない、つながりが持てないといった問題を抱えているかもしれないことを、企業のトップはぜひ理解していただきたいと思います。

ネットワークづくりは、女性たちを会社に引き留める秘策です

20代後半から30代前半の若手女性社員の離職率を下げるための取り組みをもう一つ紹

介しましょう。この先、管理職としてぜひとも会社に残ってほしい優秀な女性たちを選抜した特別なキャリア・ディベロップメント（開発）のプログラムを始めました。

その一つが、ウーマンズ・キャリア・ストラテジーズ・イニシアチブ（ＷＣＳＩ）。一般の企業でいえば課長職手前の階級の女性社員に向けて、キャリア向上に必要な資質をさらに伸ばしてもらおうという約５ヵ月間のプログラムです。参加者は普段の業務を行いながら、研修やトレーニングを受講します。

その内容は、プレゼンテーションスキルを身につけるトレーニングをはじめ、リーダーシップや、それこそネットワーキングのやり方について学ぶ講座などがあります。また彼女たちの先輩にあたる、シニア（管理職）の女性を交えた小規模のディスカッションも行われます。

こうした研修を通じてできたネットワークが、実はとても大切なのですね。金融業界にはそもそも女性が少ないですから、同じ会社、同じ業種でがんばっている仲間が世界にいるのだということを知ると励みになる。さまざまな国や地域の人と幅広いネットワークを築くことは、リーダー候補の女性たちにとって大きな財産になります。仕事と子育ての両立といった万国共通の悩み、立場が上がるにつれて強くなる仕事上のプレッシャーについて、率直に意見を交わす場にもなっているようです。

私が入社した当時はなかったプログラムですので、正直とてもうらやましいですね（笑）。プログラムの場に限らず、彼女たちはさまざまな悩みに直面した時、それを乗り越える知恵を仲間や先輩に借りることができるのですから。

仲間がいる――ということが励みになるだけではありません。会社に選ばれた彼女たちに対し、会社は飛行機やホテルを用意し、シンポジウムやセミナーを通じて「あなたたちに期待していますよ。こうすればもっと活躍できますよ」と伝えるわけです。ですから、自分たちは会社から期待されている、必要とされていると実感できる機会にもなります。これだと、会社に愛着がわきますよね。

ちなみに2005年にこのプログラムを始めてから、ゴールドマン・サックスでは女性社員の離職率が低下しました。狙い通りの効果をあげているのです。

サークル活動だって推奨しています

社内のネットワークは他にもあります。次世代の女性リーダーを支援する女性ＭＤ（マネージング・ディレクター）ネットワーク、子育てや介護をしながらも働きやすい環境づくりを支援するファミリー・フォーラムといった、さまざまなネットワーク活動を会社が公認・支援しています。そうした活動を通じて、他の部署の人たちともネットワークを作ることができます。

日本の企業には、スポーツや音楽、文化活動などのサークルがありますね。日本のゴールドマン・サックスにもあります。社員が休日に山に登ったりしていますよ。これも、ふだんの仕事では知り合えない人とネットワークを作るいいチャンスになりますね。こうした社内の部活やサークル活動が、香港やシンガポールなど、ほかのアジアのゴールドマン・サックスでも普及していったという話を聞いたことがあります。

また社内だけにとどまらず、金融業界で働く女性のキャリアを応援するアソシエーション・フォア・ウィメン・イン・ファイナンス（ＡＷＦ）など社外ネットワークへの参加も、積極的に支援しています。

会社の規模が大きくない、あるいはリーダー候補の女性社員がまだ少ない会社の場合、そうした外部のネットワークを上手に利用するのもとても良いことだと思います。「この人にはもっと活躍してもらいたい、出産・子育てがあっても辞めてほしくない」と思う女性社員がいるのなら、彼女たちが外部のセミナーやネットワークに積極的に参加できるように、後押ししてあげてほしいのです。

わたしは、脳内に〝取締役会〟をつくって乗り越えました

余談ですが、私が金融業界で働き始めたときには、トップで働く女性もまだ少なく、会社として女性同士をつなげる活動も公式にはありませんでした。そこで私は自分で、

にしました。

「私のBOD（Board of Directors）」、つまり「パーソナルな取締役会」を組織することといっても、メンバーに声をかけて「私のBODに入ってください」と誘ったわけではないのですよ。私のBODは、ある意味勝手に（笑）、私の頭のなかでつくり上げたもの。そしてこれは自分ひとりでは解決できないと感じる問題がビジネスやプライベートで起きたときに取締役会を〝招集〟する。要するに、その人たちの意見やアドバイスを聞いてみるようにしているのです。

メンバーは同じ金融業界で働く女性もいますし、業界以外の、たとえば大手法律事務所やコンサルタント会社のパートナーといった女性たちも非常に大切な存在です。彼女たちとは定期的にディナーに行くなどして、仕事のこと、個人的なこと、いろいろな話をします。忙しい彼女たちと会食を計画し、セッティングするには時間も手間もかかります。ただ私にとってそれは、「投資」の一つですね。投資をしたら、リターンが得られる。会えば会うほど面白い情報、新しいネットワークにつながります。

ちなみに、私は15年前から、アジアの女性に高等教育の機会を提供するため、アジア女子大学を設立を支援し、現在も理事を務めています。アジア女子大学は、世界中からの寄付で運営されています。バングラデシュのチッタゴンに創立された大学で、南アジアおよび東南アジアの農村部や難民地域、貧困地域に住む才能を持っている女性たちに高等教育を提供し、素晴らしいリーダーを輩出しています。この活動の中でも「この人と会いたいのだけど、誰か知りませんか」「ああ私、知っています」とダイレクトに話が進んでいくケースも多いのです。社内外に様々なネットワークがあると、女性が仕事を進めるうえでも大きな力になると思っています。もちろんこれは女性に限ったことではないですが。

また私にとっては、会社にいるワーキング・マザーの先輩、子どもが通っていた保育園のママ友も非常に心強い「取締役会」のメンバーでした。私は最初の子どもを生んだとき、お母さんとしての仕事がまったく分かっていなかった。実の母はアメリカ、夫の母親もドイツにいましたから頼りにできない。出産までに何を用意するか、病気になったらどこへ預けるか。子どもが成長してからも、思春期の難しい時期を迎えた子どものことを相談するには、先輩ママたちのアドバイスほど頼りになるものはありません。

私のＢＯＤメンバーには、男性もいます。ビジネスで有益なアドバイスをくれる上司、パーソナルな相談に乗ってくれた同僚たち。なかでも私は30代半ばで一度大きな病気を経験したのですが、そのときにひとりの男性社員が「私もがんを乗り越えました。あなたも絶対に治りますから、自信を持って治療を進めてください」と励ましてくれました。治療中はもちろん、再び仕事に復帰してからも私の大きな支えでした。

男性に比べて、女性はビジネスの最前線で活躍する層と知り合うチャンスが圧倒的に足りません。年齢が上がれば上がるほど日本の平均的な会社では男性が大多数を占めるのですから、女性同士のネットワークを作るのも難しいのです。

そうした事情を思いやり、社内・社外のネットワークに女性たちが参加しやすいように支援することで、彼女たちは有益なビジネスのヒントを獲得してくるに違いありません。まだ人数が少ないからこそ、他社・他業種の女性たちが手を組んでまったく新しいプロジェクトが生まれる可能性もあります。

また――これがいちばん重要なことだと思いますが――出産や子育て、介護、自分の病気などプライベートな悩みを共感してくれる相手と出会うことで、「やっぱり仕事を続けてみよう」と女性たちが希望を持てる。そうしたセーフティネットに、女性のネットワークが必ずや役に立ってくれるでしょう。

社内の人間関係が薄くなっている日本企業へのアドバイス

ところで、かつて日本企業といえば、その規模の大小に関わらず、社員同士がまるで家族のように、もしくはムラの一員としてふるまうことが指摘されてきました。それが日本型企業の特異性ともいわれ、世界の企業との違いとして指摘されることも多かったですね。ところが最近では、日本でも終身雇用制が崩れ、離職、転職が珍しくなくなったこともあり、社内の人間関係がとても希薄《きはく》になってきていると聞きます。とりわけいまの若い日本人は、社内の濃密な人間関係を嫌う傾向にある——といわれ、社内の人間関係はどんどん薄くなっている。ある意味で欧米のスタンダードに近くなったともいえるかもしれません。

一方、**ゴールドマン・サックスをはじめ多くの外資系企業では優秀な社員を引き留めるために、社内の人間関係を様々な形で構築するような取り組みを実践しています。**仕事のみではない社内ネットワークはその一つで、会社との一体感を作り出す効果もあります。

いうまでもなく呑みニケーションの強要は禁物ですが、**男性社員のみならず、家庭の責任が大きい女性にとっても、社内の人間関係がドライに仕事をこなすだけのものになってしまうと、会社への愛着が薄れて他の会社に移りやすくなります。**たとえば、ゴールドマン・サックスには「キープ・イン・タッチ・デー」というものがあり、産休中でも会社とのつながりを感じられるよう会社訪問日を設け、最新のビジネス動向や、会社の育児サポート体制について知ってもらうようにしています。これは復職をスムーズに行うことが目的ですが、新米ママ同士のネットワーキングの機会にもなっています。会社としても「休暇中でもあなたのことを忘れていませんよ」というメッセージを送る効果もあります。「濃密」である必要はないけれど、社内の良好な人間関係はビジネスを成功に導く鍵になることは間違いありません。ぜひ今後の女性活用のためにも押さえておいたほうがいいポイントだと思います。

第4条

女性は男性より
セルフプロデュースが
苦手と心しましょう

男性は比較的自分の宣伝が上手だと思います。上司とのコミュニケーションも上手に取っているように思います。一方、女性は「はしたない」と思うのか、自分を宣伝しない人が少なくありません。上司は自己PRに長けた男性社員にばかり目を奪われないで、能力の高い女性社員を見付けてくださいね。

多くの女性は、自己PRが苦手です

経営トップが、自分の会社の女性をもっと活用したいと考えたとします。候補として誰をピックアップしようか？　伸び盛りの20代、30代で成果をあげているのは誰だろう？　そう考えたとき、どうしても頭に浮かんでしまうのはその年代の男性社員たちではないでしょうか。成果をあげているけれど、黙々と仕事をしている女性社員を、リーダー候補として考慮しないのではないでしょうか。

けれど、その男性たちは年次が同じくらいの女性たちと比べて有能ですか？　と私はお聞きしたいんです。ビジネスの場でどうしても男性の方が「目立って」見えてしまうのは、彼らが女性よりも「セルフプロモーション（自己宣伝）が得意」だからだというのが私の意見です。

これも日本に限ったことではなくグローバルな現象なのですが、女性はセルフプロモ

ーションが苦手。あまり積極的に行おうとしません。それに対して男性はごくごく自然に、自分のやったこと、人から受けた評価をこまごまとアピールする傾向があります。

私に届くメールでも、男性の部下たちからは「誰々に会った、こんな話をした、そのミーティングをお客さんはこう高く評価した」というフィードバックが毎日のように届きます。もちろん良い報告もあるけれど、なかには私にとって大した意味のない報告もある（笑）。

そう感じてしまうのは、私が「セルフプロモーションを積極的にしない」女性だからかもしれません。「どうしていちいち、そんなことまで『自分がやった』とアピールする必要があるのだろう」とつい思ってしまうのです。

女性の部下からも、報告のメールは届きます。でもそれは、かなり大きな実績を上げ、誰がどう見ても評価すべき成果を達成してからということが多い。

たとえばあるメーカーの女性から聞いた話では、男性社員は自分が担当した商品がメディアで紹介されたときには、どんなに小さな記事でも「こんなメディアに出た」と会議の席などでどんどんアピールする。それに対して女性社員は、かなり大きなメディアでしっかりと内容まで伝えてもらわないかぎり、自分からは積極的に報告しないそうなのです。ここにも第2条でお話しした女性の「慎重さ、控えめさ」が表れているのかもしれません。

多くの企業で女性は既存の男性ネットワークに入り込めていないため、自然な会話のなかで実績をアピールしにくいという事情もあると思います。また、第3条でも触れましたが、男性の部下の場合は、私がエレベーターを待っている間にも「キャシー、僕の最近のプロジェクトの進行状況を報告しましょうか」と話しかけてきます（笑）。

女性が自分からプロモーションしないのは、実績をあげていないからでも、仕事への貪欲さが足りないからでもありません。ただ「慣れていない」だけなのです。表面的なイメージだけで「男性の方が実績がある」と決めつけず、女性たちがどんなプロジェクトに関わり、どういった成果をあげているかを平等な目で見極めることが上司には求められています。

女性社員には「王子様は迎えに来ない」と教えましょう

同時に女性社員に対しては、「もっと自分の成果をアピールしてください。あなたが活躍するには、セルフプロモーションの方法を学ぶ必要があります」と強力にプッシュする必要があるでしょう。

というのも、女性たちの頭には「キープ・ユア・ヘッド・ダウン」という間違ったアドバイスが根付いてしまっている可能性があるからです。キープ・ユア・ヘッド・ダウンとはつまり、頭を下げて黙々と自分のやるべきことに集中していれば、見えない手があなたを引っ張り上げてくれますよという教え。余計なことは考えずに、一生懸命に働きなさいということです。まるで清い心でいれば、王子様がいつか迎えに来てくれるというプリンセス物語のようですね。しかしこれはビジネスの世界において、ナンセンスなおとぎ話にすぎません。

かつて私も、「キープ・ユア・ヘッド・ダウン」と教えられたことがありました。私の仕事は、投資戦略を考案したり企業の財務状況を分析して、レポートを作成し、顧客である機関投資家にプレゼンテーションすることですが、どちらかというとひとりで黙々と、自分の仕事に没頭してしまう傾向があります。

しかし組織の中で次の大きなステージへ飛躍するには、それだけでは全く足りませんでした。振り返ってみると、「キープ・ユア・ヘッド・ダウン」は私にとって最悪のアドバイスだったと思います。

私が1990年にストラテジーチームの若手社員として別の外資系証券会社に入社した時、当時のメンターには「自分の仕事にフォーカスして良い成果を出しさえすれば、きっと昇進できますよ」と言われたので、最初の数年は必死に働きました。レポートもたくさん書き、投資家への情報提供も頻繁に行った結果、投資家からの評価はどんどん上がっていきました。なのですが、社内で認められることはありませんでした。ある日、上司の退職が発表され、私はてっきり自分が昇格してそのポジションにつくものとばかり思っていたのですが、違っていました。

数週間後、私は思い切って部門長に言いました。「私にシニア・ストラテジストをやらせてもらえませんか？」と。部門長は一瞬ためらってから、「じゃあ、挑戦してみれば？」と言ったのです。もしあの時昇格を希望しなければ、きっと会社は別のシニア・ストラテジストを他社から採用していたはずです。

自ら手を挙げる。そのことがどれだけ大切かを学んだのはこの時でした。

確かに年功序列型のかつての日本企業であれば、「キープ・ユア・ヘッド・ダウン」も意味のあるアドバイスだったかもしれません。一生懸命に働くことで自分の立場をしっかりと守り通すことができたでしょう。

しかし**成果主義を採用するビジネスの最前線では、頭を下げて真剣に仕事に取り組むのは「当たり前」。いいパフォーマンスを行うのも「当たり前」です。その上でつねに周囲を見渡し、組織の中での自分の役割や取り組んでいる仕事の意味を正確に理解し、今後は誰とネットワークをつなげばいいか、どうすれば自分の目的を実現できるパワーを手に入れられるか、全方位に目を向けることが求められます。**そして成果をあげたら、周囲に向かって大きな声でアピールしなければならない。頭を下げている場合ではありません。むしろ「キープ・ユア・ヘッド・アップ」こそが、女性たちにとって有用なアドバイスなのです。

「キープ・ユア・ヘッド・ダウン」してばかりでは、会社がいまどのような戦略の方向性でいるか、自分のいる部署がどんな立ち位置にいるかも分かりません。自分から声をあげなければ、誰もあなたの成果に気づいてくれません。経営トップの皆さんには、「キープ・ユア・ヘッド・アップ」と掛け声をかけて、有能な女性社員たちを励ましてほしいのです。

女性は発言しましょう。上司は女性に発言させましょう

また経営トップは、「女性はセルフプロモーションに慣れていない」ということを理解した上で、彼女たちが最大限のパフォーマンスを発揮できるようにサポートをする必要があります。

私の経験では、世界の会議で発言するのも男性が多いと思います。日本に限らず、ニューヨークでもロンドンでも、アジアの拠点でもそうですね。なぜかといえば女性は、「これを言ったら笑われるかもしれない。自分の立場ではまだ、こうした意見を出すべきではないのでは」など、あれこれ考えすぎてしまうからだと思うのです。

男性はその点、あまり躊躇《ちゅうちょ》なくどしどし声をあげていきますね。あまり意味のない内容であっても（笑）、あまり良くない提案であっても、声の大きい男性たちが目立ってしまうケースが多いのではないでしょうか。

ちなみに、私が長年、さまざまなミーティングに出席して摑《つか》んだコツは、真っ先に声を上げることです。たとえば60分のグローバル電話会議でも、全員が集中するのはせいぜい最初の15分ほど。特に時差のあるニューヨークと東京の会議では、眠い人が多いですからね（笑）。スタートの段階で良い意見をアピールできれば、あとの45分はリラックスしてほかの人の意見を聞いていられます。

あるいはプレゼンテーションの後に質疑応答があるミーティングでは、発表者があらかじめアジェンダやレジュメを配付しますよね。それにざっと目を通してポイントを把《は》握《あく》したら、プレゼンテーションが終わった直後に「この点について質問があります、どうお考えですか」と声を上げます。質問したいことが見つからなければ、「とても面白い内容でした。けれどもこの問題についてはどうですか」とテーマを変えて投げてみます。

要するに、私がその場にいると「知らせる」ことが重要なのです。どんなに仕事でいいパフォーマンスを出しても、成果をあげても、その人の「名前」がおおやけの場で聞こえてこなければ、いないのと同じです。セルフプロモーションが苦手な女性が、ふだん仕事では接点のない他部署の人たち、経営トップに評価をしてもらうには、彼女の能力や成果だけではなく、「いろいろな人が自分の名前を知っている、評価されている」ことが重要だということを、女性社員にはぜひ伝えてあげてください。

会議では、女性の出席者に積極的な発言を求めるのはもちろん、男性の発言に偏りすぎていると思ったら、司会進行が女性を指名していくことも必要でしょう。毎回、必ず発言を求められると知ったら、真面目な彼女たちはしっかりと準備もしてくるはず。それが良い循環になっていけば、社内の意見交換も活発になっていくでしょう。

女性部下の意思を勝手に推し量るのはやめましょう

女性と自己アピールの問題で、もう一つ私が耳にした非常に興味深い例では、ある物づくりのメーカーが途上国でのビジネスを立ち上げるときのこと。誰を責任者として派遣するかという会議がもたれたそうなのです。そのポストの適任者は社内に２人いて、ひとりが女性、ひとりが男性でした。

女性は大学でその国の言語を学んだエキスパートであり、ビジネスでも豊富な経験を積んだベテランでした。けれども決定会議で幹部が選んだのは、男性のほうだったのです。会議の出席者が、「なぜ彼女を選ばないのですか」という質問をしたところ、幹部の答えは「彼女は結婚して、ご主人と受験を前にした子どもがいる。家族を置いて転勤もできないだろうから、きっと断ると思って選ばなかった」と答えたそうです。質問した人が続けて、「本人に確認したのですか？」と聞くと、「していない」という。そこで後日、候補になった女性に確認したところ、「もちろん行きます」という答えでした。その意欲が示す通り、彼女はプロジェクトの立ち上げで素晴らしい成果をあげ、ビジネスを成功に導いたというのです。

もちろん候補の女性にあらかじめ確認をしなかった幹部もよくありません。彼女の実力や実績を知る人が、「本人に確認を」と勧めてくれたのは幸いなことでした。ただその女性自身も、もし普段から「チャンスがあるなら単身赴任してもかまわない」とアピールしていたら、もっと話は早かったのではないかと思うのです。

たとえばグローバルな企業で働いていて、いずれ海外の拠点にも赴任したいと考えていても、それを周囲に伝えなければ「この人はずっと日本で働きたいのだな」と思われてしまうでしょう。男性はそうした場合、まだまったくビジネスで成果をあげる前であっても「私をニューヨークに行かせてください。必ず成功してみせます」とアピールする人が少なくありません。ぜひ女性たちにも、そうした大きな夢が語れるような雰囲気を、経営トップは社内に築いていってほしいと思います。

第5条

女性社員にメンターをつけてみませんか

メンター制度とは、直属の上司とは別に、年齢の近い年上の先輩社員が若手社員をサポートする制度のことです。最近では日本でも採用している企業が増えてきていますね。ぜひ女性活躍推進のためには活用してほしいものです。中堅社員にとっても女性社員をマネジメントするためのスキルアップの機会にもなります。

「メンター制度」は役に立ちます

昇進に向けてどのような行動を取ればいいのか。スマートかつ適切なセルフプロモーションを行うにはどうすればいいか。彼女がどんなに優秀でも、会社の上層部との接点が少なければ、わからないことや経験不足で判断がつかないことが無数にあります。

そうした女性社員の悩みをすくい上げ、彼女たちの活躍をサポートするために、あなたの会社でも「メンター制度」を取り入れてみてはいかがでしょうか。

メンター制度とは、経験豊富な年長者がメンター（相談者、導き役）となり、メンティー（アドバイスを受ける人）との間で定期的な面談（メンタリング）を継続して行う制度のことをいいます。近年では企業のダイバーシティ推進に有効であるとされて、メンター制度を取り入れる企業が日本でも増えているようです。もちろん優秀な女性社員を会社につなぎとめ、その能力を開花させることにも大いに役立っています。

私たちゴールドマン・サックスでも新卒の段階から、男女を問わずさまざまなメンター制度を通じてビジネスのスキルや社内ネットワークの構築などを支援しています。女性に対しては、仕事上のメンターに加えて、たとえば出産を予定している女性社員（メンティー）と、母親として経験のある女性社員（メンター）をマッチングしてサポートする「マタニティ・メンタリング・プログラム」を提供しています。年齢や部署は関係なく、働きながら子育てをした経験者から「産休中に上司とどのように連絡を取るか」といったビジネス面、また「保育園に入る前にどういった準備が必要か」といった生活面まで、さまざまな相談をすることができるのです。

そうしたマッチングは会社を通して行われることが多いですが、社員が自発的に、自分が尊敬する人、自分にとって貴重なアドバイスをくれると思う人に対して直接、「ウィル・ユー・ビー・マイ・メンター？（私のメンターになってくれませんか？）」と頼むケースもあります。

私の場合も、以前日本法人の社長だったマーク・シュワルツなど尊敬できる幹部社員たちを個人的なメンターとして、いろいろと貴重なアドバイスを受けたことを思い出します。マークはゴールドマン・サックスを退職したあと、日本の上場企業の社外取締役になりましたが、会議に出席するため来日したときには一緒に食事をするなど、今でも交流が続いています。そのときに私が心がけたことは、ギブ・アンド・テイク。私は日本でリサーチの仕事に就いていましたから、日本の株式市場や経済の行方についての詳細な情報を提供して役立ててもらったのです。

多くの女性はたぶん、こうした交渉術のちょっとしたコツを学ぶチャンスが少ないと思うのです。メンターが欲しい場合にも、まるで婚約を迫るような雰囲気で「私のメンターになってくださいませんか?」と直談判してしまう。相手としても「いきなりそんな約束はできません……」と引いてしまうかもしれませんよね(笑)。そのあたりも男性陣はとても上手ですよ。「この分野で私の相談相手になってくれると嬉しいんですが」といった感じで、ちょっとした相談を持ちかけてくる。それが何度も続いて「またあなたですか?」と言いたくなることもありますが。

会社組織のなかで公式な制度として、部署や年齢を超えて「相談する・される」関係がなりたつことは、優秀な社員をリーダーとして育成していくために今後ますます必要な社内風土になってくるでしょう。

部下の成果をＰＲすることが、あなたの成果にもつながります

メンター・メンティーの関係以外でも、優秀な女性社員を応援する方法はたくさんあります。たとえば第４条でお話ししたように、自分の部下の女性社員が自己宣伝が苦手だとしたら、彼女たちに代わってその成果やがんばりをアピールする人が必要になります。

もちろん経営トップが先頭に立って部下の成果をアピールすることも大切ですが、社員の多い会社では一人ひとりの仕事ぶりに目を配るのは難しいでしょう。やはり適任は、彼女たちの日頃のがんばりを知っている直接の上司たち。彼らが積極的に女性たちの活躍をアピールし、経営トップに伝えていくことが非常に重要だと思います。私も社内では意識的に、女性たちの成果を上層部へアピールするようにしています。男性社員は、

前述したように放っておいても自分で宣伝しますからね（笑）。

たとえばアジアにいる私の部下に、たいへん一生懸命に仕事に取り組んでいる優秀な女性のアナリストがいます。彼女は最近も一つ大きなプロジェクトをやり遂げ、顧客からも高い評価を得ました。しかし本人が意図的にそれをアピールせず、私も何も行動しなければ、その結果を知っているのは私と彼女だけになってしまいます。

それはいかにも、もったいない。ですから私は、自分の責任としてニューヨークの私の上司や部署のヘッドたちに「彼女がこんな素晴らしい成果をあげました」とアピールします。彼女が活躍してくれたことは、私たちアジアのチーム全体の評価につながるのはもちろん、ニューヨーク本社の部署を管理しているヘッドたちにとってもプラスになる。だから伝える意味があるわけですし、彼らも聞く耳を持ってくれるわけです。

そうして経営陣の記憶に残ることで、彼女の次の昇進につながるかもしれません。それは直接の上司である私にとっても幸福なことなのです。

上司たちのＰＲが大きな足掛かりに

私自身も、上司の適切なアピールが自分のキャリア形成に役立った経験があります。ひとりは先ほども紹介したマーク・シュワルツ。もうひとり「ウォールストリートの予言者」とも呼ばれる伝説的なストラテジストで、私をゴールドマン・サックスに誘ってくれたアビー・コーエンです。

29歳でゴールドマン・サックスに移籍した私は、アナリストとして自分をほかの社員とは差別化できるようなテーマに挑戦しなければと考え、日本の企業年金の積立金不足問題の分析に取り組みました。そのレポートを発表したときに、「これは非常に良いレポートだから、もっと宣伝するべきだ」とアドバイスをくれたのがマークとアビーの２人でした。彼らのアピールもあり、それまで誰もやらなかった個別企業ごとの年金積立状況の分析は、大きな反響を呼ぶことができました。

もう一つ印象に残っているのは、私が北京を訪問したときのことです。「どうして私が北京に招かれるのだろう。いま中国のお客さんと会うことにどのような価値があるのか」と考えながらの訪問だったのですが、現地では中国人民銀行や金融当局に招かれ、非常に意義のあるミーティングにもたくさん立ち会えました。

帰国後、中国で私のアテンドをしてくれた人物が「私たちにとって非常に意味のある出張でした。松井さんを派遣してくれて、ありがとうございました」というメールをマークに送ってくれました。マークはそのメールをすぐさま、ニューヨーク本社の経営陣に転送してくれたのです。彼にとってはほんの小さな手間、ささやかな部下のアピールだったかもしれません。しかし振り返ってみると、私にとってその宣伝が自分のステップアップの貴重な支えになったのです。

上司が自分のことを宣伝していると気づけば、部下は「自分の仕事はちゃんと見られている、評価されている」と確認することができます。大事にされている、必要とされているという感覚は仕事を続けるうえで非常に重要な要素です。

女性の部下が仕事で良い成果をあげたときには、直接にほめるだけでなく、周囲にも、彼女をよく知らない上層部へも積極的にアピールすることを忘れないでください。

第6条

優秀な女性社員には「スポンサー」を付けましょう

ゴールドマン・サックスは、より積極的に女性の昇進に関与する「スポンサー制度」を導入しています。上司が優秀な女性社員を熱心に支援する制度で、優秀な女性たちは大きく成長します。「私は期待されている。この会社でがんばろう！」とパフォーマンスも上がります。ぜひ参考にしてみてください。

「スポンサー制度」を取り入れてみませんか

次世代のリーダーになると期待される、潜在能力の高い女性社員は積極的に支援したいもの。彼女の活躍を応援し、女性幹部としてさらなる成長を遂げてほしいと願うならば、あなたの会社に「スポンサー（支援者）制度」の導入を検討してみてはいかがでしょうか。

前述したように、直接の上司ではない斜め上の管理職や役員がキャリアの相談にのる「メンター（相談者、導き役）」をつける制度も有効なのですが、女性社員が次期リーダーとして成長するには、メンター制度だけでは足りません。**対象となる女性社員の仕事ぶりを複数の管理職が総点検し、キャリアについてアドバイスする。加えて、本人に代わって彼女の業績や能力をアピールし、人脈づくりなどを通して本人の昇進をバックアップする「スポンサー制度」が、女性の活躍推進には大きな力を発揮します。**

これまで何度も述べたように、男性を中心に動いてきた企業社会では、女性社員はさまざまなハンディを負っています。たとえば就業後の飲み会や喫煙所、休日のゴルフなどで若いうちから幹部と知り合える男性に比べて、女性はその機会が非常に少ない。また優秀でも、女性の場合は、比較的慎重で控えめな社員が多いため、本人に高い能力があり、めざましい業績をあげたとしても、それが社内全体で共有されにくいこともあります。

そうしたことが重なったときに、何が起こるでしょうか。幹部を集めた昇進の評価会議の席で、ある男性については「○○君のことはよく知っている。非常にがんばっているらしいじゃないか」といった声があちこちから上がります。それに対して、その男性と同等、あるいはそれ以上の活躍をしている女性の名前があがったときには、「△△さんとは誰です？　何をした人なんですか」という話から始めなければならないのです。

それが彼女の昇進を遅らせるとしたら本人にも会社にとっても大きな損失ですし、そうしたことが度重なれば「私は会社から正当に評価されていない」と感じ、能力ある女性があなたの会社を去ってしまうことにもなりかねません。

能力の高い女性社員に対して、「彼女は優秀である。昇進に値する人材である」ということを日頃から深く認識し、その認識を社内に広める役割を持つ人物。彼女が活躍することが、会社にとってどれだけ大きなメリットがあるかを理解した上で行動できる人物として、「スポンサー」の存在が必要なのです。

スポンサーを付ける女性社員を選定する過程も意味があります

ゴールドマン・サックスはこれを制度化しました。わが社は、人材育成プログラムの一つとして、２００７年からアジアの各拠点で「スポンサー制度」を展開しています。当社のようなグローバル企業では、社員の昇進、特に上層部への昇進は世界を相手にした戦いになります。たとえば一つの部署からひとりの人が昇進するとしたら、それは東京オフィスの中から選ばれるのではなく、同じ業務にたずさわる香港やニューヨークやロンドンの人たちも含めた競争になるわけです。そうした場合、日本人は言語の問題もありますし、アジア系の女性は積極的な欧米の男性に比べてアピールが苦手というハンディを抱えています。

彼女たちにも高い能力や確かな功績があるわけですから、それを認めてもらうための「追加支援」さえあれば、幹部に昇進し、より活躍できる女性社員も多いはずだ。そうした指摘があがったことが、当社で「スポンサー制度」が導入されるきっかけでした。

わが社のスポンサー制度では、対象となるのはいわゆる幹部候補で、能力の高い女性社員です。全女性社員のうち10％ほどにあたります。もともと外資系の金融業界に飛び込み、仕事をこなしていく実力を持った人たちです。その中から、どのようにスポンサーを付ける女性社員を選ぶのか。これは重要な課題です。

ひとりの女性社員を「スポンサー制度」の対象にするかどうかは、幹部クラスの社員が話し合って決めています。出席者のうち彼女を選ぶことに賛成の人が７割いたとしても、２割は反対、１割はよくわからないというケースもよくあるものです。そうした場合、当社では反対の人から「なぜ彼女を支持しないのか」という理由を率直に語ってもらいます。理由としては彼女が関わった仕事のパフォーマンスがよくなかった、対応に不備があったというように「過去の出来事」に原因があることが多いですね。それに対して、「いや、その後は非常に良いパフォーマンスを出していますよ」といった反論も出ます。また次のステップに進むためには、足りない部分についても厳しい指摘がされます。

そうした選考のプロセスは、本人にも伝えられます。制度の対象として選ばれるだけの活躍をしている女性ですから、たぶん自分としては100％パーフェクトと自信を持っているはずです。しかし実際には、こんなに厳しい指摘を受けている。そこに「気づく」ことも、非常に重要なポイントですね。現在のままの仕事をするうえでは、パーフェクト。しかし幹部候補として、会社の中枢でより高度な成果をあげるには何が足りないか、どこを改善しなければならないか。彼女もそこで、自覚することができるからです。

優秀な女性社員の能力をさらに高めるきめ細かな評価方法

そうして選ばれた女性ひとりに対して、スポンサーとなる幹部クラスの社員が２人付きます。現在、当社では、ひとりは女性、もうひとりは男性が務めることが多いですね。部署としては――これが非常に重要なポイントなのですが、基本的には彼女が所属する部署「以外」の人たちです。あるいは同じ部署だとしても、直接の関わりのない人をあえて選んでいます。

それは、第三者の冷静な視点から彼女を評価し、改善点を明確にするという意味があります。本人とあまり親しい関係にあると、つい甘い評価、あるいは逆に辛口の評価になってしまう可能性があるからです。また本人にとっても、直接の上司には言いにくいことも、斜め上の関係ならストレートに本人の意思として伝えやすいメリットもあると思います。

スポンサー制度の期間は、1年から1年半ほど続きます。制度がスタートすると、スポンサーとなった幹部社員はまず、本人についての詳細なパフォーマンスレビュー（人事考課）を行います。前述した選考の会議の内容も、もちろん参考にされます。さらに彼女の直接の上司と話し合いを持ち、より細かく「彼女の良い点であり、今後も伸ばすべきポイント」と「どこに改善の余地があるか」を特定します。

その後、スポンサー（2人同時の場合も、1人ずつ別々にする場合もあります）は本人と面談し、「仕事に対してどういった悩みがありますか」「あなたに対してこういう評価がありますが、どう思いますか」「昇進を目指すにあたって自分がなすべきことは何だと考えますか」といった話し合いの場を持ちます。スポンサーの忙しさにもよりますが、だいたい月に1回ほどの頻度でしょうか。

彼女にとっては、直接の上司ではない幹部社員に自分の考えを話し、率直なアドバイスをもらえる非常に有意義なチャンスです。さまざまなコメントやアイデアを受けるなかから、それまで発揮できてこなかった本人の長所が引き出され、気づいていなかった改善点を発見することにもつながります。

またスポンサーの目から見ると、たとえば本人は非常に優秀なのに、任されている仕事の規模が小さい、本人のいるチームそのものが今後成長の可能性が低いなど、このまま彼女がその仕事を続けていては昇進のチャンスをのがしてしまうと感じる場合もあるでしょう。そうしたときにスポンサーは、彼女の所属する部署以外、または当社の場合では他の国に、「あなたの部署、地域でものすごく活躍できそうな優秀な人材がいるのですが、会ってみませんか」と紹介したりもするわけです。

またネットワークについて書いた第３条でもお伝えしたように、彼女の成長に役立つと思われる人物を紹介したり、他業種の人との交流の場に誘うといったこともスポンサーの大切な役割になります。つまり**スポンサーとは、潜在能力の高い女性がビジネスで次のステップに進むための可能性を本人と一緒に探り、適切なアドバイスを与え、リーダーとして導く存在なのです。**

メンターが女性社員を支援し、勇気や自信を与えることで主体的な行動をうながす後方支援的な存在だとすれば、スポンサーはより高みから彼女たちを引き上げる存在ということができるでしょう。

「私は必要とされている」「期待されている」と思わせる意味

メンター制度との違いとして、スポンサー制度はかなりの部分、企業全体にとって投資という意味合いが強いことがあげられます。そのためスポンサーは、制度を受ける本人に対してかなり時間をかけてコミットメント（真剣な関わり）を持ちます。

女性社員が高い能力に見合わない仕事をしていることの背景には、会社の方針である場合と、彼女自身の慎重さ、あるいは結婚・出産といったライフイベントにそなえて重い責任を避けているといった事情があるかもしれません。前者の理由であれば、会社のマネージメント自体を見直すことが必要になるでしょう。理由が後者である場合には、本人の仕事に対する考え方やライフスタイルについてまで深く話し合うことが求められます。つまり、スポンサーの役割はとても責任あるものなのです。

当社の場合、この制度に参加をして能力のある女性社員を順調に昇進させるといった成果をあげたとしても、スポンサー本人に昇進や昇給といった目に見えるメリットがあるわけではありません。これは企業としての投資であり、私たちシニア（管理職）の人間たちの責任として、次世代の社員を育てようと考えるのは当然のことだからです。ただもちろん、能力ある社員の成長をサポートし、会社にとって良い働きをしてくれる幹部候補を育てたことによって、スポンサー役を務める人はすばらしい上司だと尊敬され、社内で高い評価を受けるようになります。

　またスポンサー制度を適用された女性社員のすべてが順調に昇進をする保証はありません。しかし通常の業務とまったく違う部署の幹部社員が、多忙なスケジュールの合間を縫《ぬ》って、本来の仕事では直接関わりのない自分のために時間を使い、あれこれと有用なアドバイスをくれること。必要とあらば、別の部署、違う仕事に挑戦する道を作ってくれるという事実が、彼女たちの大きな力になります。**プレッシャーも感じると思いますが、それ以上に重要なのは「期待されている」、「会社は私の活躍を必要としてくれている」という実感です。この実感は、その社でさらにパフォーマンスを上げるインセンティブになることでしょう。**

たとえばある企業で30代の優秀な女性社員がなかなか昇進できず、仕事にも新しいチャレンジが何もなく、やりがいを感じられなくなっているとします。そこへ一本の電話が入って「あなたのような人を求めている会社がある。報酬も高額です」とヘッドハンターから声をかけられたら、「ちょっと話を聞いてみようか」という気になってしまうかもしれませんね。しかし彼女が社内にスポンサーを持ち、「もし今の仕事が退屈だったり、新しい分野に興味があれば紹介してあげることもできますよ」と言われていたらどうでしょう。もう少しこの会社でがんばってみようという意欲につながるのではないでしょうか。

人は会社を辞めるのではない。上司に愛想をつかして辞めるのだ⁉

アメリカ流の言い方なのかもしれませんが、「人は会社を辞めるのではなく、上司から離れるのだ」といわれます。こうしたケースは、日本でも多いのではないでしょうか。

つまり、会社の制度や環境が好ましくないから辞めるというよりも、一緒に働いている上司が好きになれない、彼らの自分に対する評価に納得できないから辞める。そうした事態を回避するためにも、普段の業務とは関係のない斜め上の関係にいる幹部社員が彼女のキャリアにコミットすることに、大きな意味があるのです。

制度を通してスポンサーと本人はかなり関係も深まりますので、「これほど真剣に私の将来を考えてくれる人がいるなら、この会社に残ってがんばってみよう」と考えるきっかけにもなるでしょう。

もう一点、これは他の女性支援プログラムにもいえることですが、こうして能力ある女性を「リーダー候補として会社が育てようとしている」ことを目に見える形で示すことによって、あとに続く女性社員が「自分にもチャンスがある」と勇気や目標を持てる。この効果も非常に大きいと思います。

逆を考えれば、よくわかりますね。女性社員はいるけれども次々と辞めてしまったり、幹部はおろか上司にまったく女性がいない会社に、優秀な若い女性たちが入社をしたい、あるいは長く働き続けたいと考えるとは思えません。企業経営陣として考えなければならないのは、優秀な女性社員が辞めてしまう損失だけでなく、次世代の女性たちの意欲を削《そ》ぐという悪影響も見逃せないということです。

スポンサー制度などの支援プログラムを導入することで女性社員の退職がゼロになる保証はありません。ただ確率的に、優秀な人材を会社につなぎとめておく、彼らの意欲を引き出すために有効なシステムであることは間違いないといえるでしょう。スポンサー制度はとてもおすすめです。

第7条

ロールモデルをつくりましょう

日本は世界に比して女性の取締役や政治家の比率が極端に低い国です。要するにロールモデルが少ないのです。経営者や政治家もそうですが、いつも疑問に思うのは、大学で理工系に進む女性が非常に少ないこと。エンジニアの女性が少ないために、後に続こうと思う女性が育たないからかもしれません。女性のロールモデルを積極的に育ててください。

「ロールモデル」がいないとモチベーションが保ちにくくなります

あなたには、経営者として、また組織のリーダーとして具体的な行動や考え方の模範となる「ロールモデル」がいるでしょうか。意識するしないに関わらず、多くの人は「あの人のようになりたい」というロールモデルを選び、その影響を受けながら成長するといわれます。

ロールモデルとなる人物は必ずしも完璧な存在ではなく、失敗もすれば、壁にあたって悩みもする。そうした人生のアップダウンを経験しつつ、つねに次を目指して前進を続ける人物たちの振る舞い、考え方、選択の方法などを参考にしながら、あなた自身もビジネスの世界で自分の道を切り拓《ひら》いてきたのだと思います。

歴史上の人物、有名企業の創業者、あるいは同じ社内や業界内でその背中を追ってきた先達《せんだつ》たちなど、ビジネスの世界でロールモデルに選ばれる人物のタイプはさまざまです。しかしたぶん性別は、圧倒的に男性が多いのではないでしょうか。

働く女性は増えました。結婚して子どもが出来ても働き続ける女性も珍しい存在ではなくなっています。しかし企業で次世代のリーダーとして働く優秀な女性には、ロールモデルとなる存在が圧倒的に不足しています。数としてはもちろん、キャリアや個性の多様性もまだまだ限定的ではないでしょうか。

幸いにも私には、第5条でも紹介したアビー・コーエンというロールモデルがゴールドマン・サックス社内にいました。世界最大の金融市場であるアメリカで成功を収めた女性ストラテジストであり、市場予測では成功も失敗も経験しながら第一線で活躍し続け、2人の子どもを育てた母親でもあるアビーは私にとって理想的なロールモデルです。他にも、前述した私の脳内BODメンバーである働く女性の友人たち、亡くなったドイツの義母、また4人の子どもを育てたワーキング・マザーである母と、全米の蘭市場で2割の生産高を誇ってきた父という素晴らしいロールモデルも私を支えてくれています。

しかし働く女性たちの多くは、身近な存在として「あの人のようになりたい」と憧れ、また困難にあたったとき「あの人だったらどうするだろう」と次の行動の指針にできるようなロールモデルが見つからないままに、ビジネスの世界で孤軍奮闘《こぐんふんとう》しているのではないでしょうか。それがいかに心細く、また不安や迷いを生じさせているか。読者の男性たちにはぜひ、自分が同じような立場にいたとしたら、現在と同じような成功を収められているかどうかを想像してみてほしいのです。

そうした働く上での不安や迷いは、これまで繰り返し述べてきたような結婚・出産・子育て・介護といったライフイベントに遭遇したとき、また他の企業からキャリアチェンジの誘いが来たときに、あなたの会社から有能な女性たちを引き離す要因ともなってしまいます。「この職場にいても、自分の将来像が見えない」、あるいは「女性の先輩はいるけれども、あの人の働き方は自分の理想ではない」と思ってしまえば、彼女たちの心は容易に今の職場から離れていってしまうでしょう。

社内にいなければ、社外から〝調達〟するのも一案です

ではビジネスにおける女性のロールモデル不足は、どうやって克服《こくふく》していけばいいのでしょうか。

言うまでもなくそれぞれの企業がこれまで紹介したような支援プログラム、ネットワーク活動、メンターシップ、スポンサー制度などを導入して女性がより活躍できる環境を整えていくことがあります。そして、多くの女性のモデルになれるような幹部を育て、後輩たちの目指す目標にしてもらう。すぐに結果の出ることではありませんが、じっくり長い時間をかけて取り組むことが重要です。そうしてひとりでも多くの、また多様なバックグラウンドを持った女性リーダーを育てていくことが、次世代のリーダー候補の成長にも確実につながっていくでしょう。

短期間の戦略として私がおすすめしたいのは、第3条で紹介した「女性のネットワー

ク」を活用するプランです。一ヵ所の職場にはリーダー候補の女性が少なくても、全国から集まれば社内にハイポテンシャルな女性のネットワークを作ることも可能でしょう。さまざまなイベントや講演会、ランチミーティング等を開くなかでロールモデルを見つけてもらい、その関係性が長く続くように会社としてもバックアップできる体制を整えてはいかがでしょうか。

社内にいなければ、社外から〝調達〟するのも一案です。「女性はビジネス上のロールモデルを見つけにくい」「ロールモデルのいない会社ではモチベーションを保ちにくい」という前提を十分に理解したうえで、リーダー候補の女性社員の成長に役立ちそうな研修会、勉強会、コンベンション等へ彼女たちが積極的に参加できるように会社としてもサポートしてあげてほしいと思います。

女性社員たちから聞き取りをして、「この会社の女性役員に会ってみたい」「女性の活躍推進プロジェクトを成功させたチームの人から話を聞きたい」といったリクエストを聞き、会社がミーティング等の仲立ちをしてもいいのではないでしょうか。

そうして各方面で活躍する女性のロールモデルと出会うことで、個人的なネットワークを広げたいという意欲も女性社員のなかで高まっていくでしょう。私が30年近く働いてきた印象として、日本のビジネス社会はそれほど広範囲ではないため、ハブとなる重要な人物を2人か3人通せば、「話をしてみたい」という相手にはけっこうつながるものです。

仕事がらみでなくても、たとえば大学の同窓会、趣味の集まり、スポーツの仲間など、「あなたがロールモデルにできる女性と出会えるチャンスを、積極的に利用するといいですよ」と、彼女たちに教えてあげることも経営トップとして大事な役割だと思います。私自身も、アジアの発展途上国の女性を対象に、母国でリーダーとなる人材を育成する「アジア女子大学」設立にかかわるなかで、たくさんの出会いがありました。ビジネスにつながる縁もありましたし、自分自身の成長につながる貴重な縁を結ぶこともできたと思っています。企業のリーダー候補として必要な人間的成長をうながすという意味でも、女性社員にはたくさんのロールモデルと出会わせてあげてほしいと思っています。

たとえば、「リケ女（理系女子）」が少ないワケ

働く女性のロールモデルが足りない、あるいは多様性に欠けることの背景には、日本社会の構造的な問題がからんでいることもあり、企業や個人の努力だけでは、なかなか解消が難しいという側面もあると思います。

２０１９年に発表した「ウーマノミクス５・０」のレポートにも書いたことですが、日本では女性の大卒比率が男性より高い（25～34歳で女性59％に対し、男性は52％）にもかかわらず、いわゆるトップランクの大学では女子学生の比率が極めて低いのです。たとえば米国のハーバード大学では48％、英国のオックスフォード大学では46％が女子学生なのに対して、東京大学は19％、京都大学は24％しか在籍していません。

しかし、ご自分の学生時代を思い出してみてください。小・中学校まではクラスでも女子生徒のほうが勉強ができ、高校入学時にも男女の成績に大きな差はなかったでしょ

う。しかし大学を選ぶ段階で、少しずつ偏りが生じてくるようです。

日本の女子生徒は、もともと理系の分野が得意であっても進学先として科学・技術・工学・数学といった理系の学部をそれほど積極的には選ばないようです。これは、研究者や科学者に占める女性の比率がOECD（経済協力開発機構）諸国で、もっとも低いという結果にもつながっています。

理系として高い能力を持ちながら、進学先としては文系を選びがちなため、受験勉強として数学や科学などの科目には時間を割かない。結果として女子生徒は、国公立大学入試で不利になるというのが前述した東大、京大の女子比率の低さにつながっているというのが私たちの分析でした。

日本の女子生徒に理系の分野で活躍すること、またトップランクの大学へ進学することを「躊躇」させるような価値観が、いまだに社会や学校、あるいは家庭にあるとすれば、そこから変えていかなければなりません。なぜならテクノロジーの発展にともない、世界は急激に情報ベースの社会に移りつつあるからです。私たち金融業ももちろん同じですが、高度なデジタルリテラシーを備え、情報社会で新しいイノベーションを起こす人材は今後ますます必要とされていきます。そうした時代にあっても、いまだコンピュータサイエンスやエンジニアリングを専攻する女子学生の割合が日本では20％以下という現実はかなり憂慮すべき問題ではないでしょうか。

ここでも、重要なポイントとなるのが「ロールモデル」の存在です。たとえば宇宙飛行士の山崎直子さんや、レーシングドライバーで自動車開発研究でも知られる井原慶子さん、あるいは二つの新薬の開発に成功した研究者であり女性起業家でもある久能祐子《くのうさちこ》さん。彼女たちのような科学・工学の分野で活躍する女性たちを、小学校や中学校に招いてスピーチしてもらう。女性研究者による出張授業なども、積極的に行ってくれるといいですね。そうした「リケジョ」を応援するプロジェクトは、今後も進んでくれることを願っています。

私自身にも、娘へのお土産はお人形……という固定観念がありました

家庭でも、理系は男子、文系は女子といったステレオタイプを伝えないように気をつけたいですね。といっても私自身、出張先からの息子へのお土産はレゴブロック、娘には人形をつい選んでしまった時期があります。それに気がついたのは、アメリカのゴールディブロックスという会社が、女の子向けの工学おもちゃを発売しているのを知ったときでした。これはスタンフォード大学卒の女性エンジニアが、自分自身が小さい頃にほしかったおもちゃとして開発したもの。物を組み立てたり動かしたりするおもちゃは男の子、子育てやファッションにまつわるおもちゃは女の子が好むという無意識バイアス（偏見）が、知らず知らずのうちに子どもの可能性を狭めているとしたら、親として大いに反省しなければなりません。

しかし親がどんなに気をつけていても、子どもたちが日常で目にするメディアにもジェンダー・ステレオタイプの問題は潜んでいます。たとえば洗剤や食料品といった生活必需品のテレビコマーシャルに登場するのは、エプロン姿で家事や育児をこなす女性であるケースが多いですよね。一方、スーツ姿でブリーフケースを持ち、外でバリバリ働く姿はたいてい男性。こうしたコマーシャルが、女性は家庭、男性は仕事、という思い込みを植え付けてしまう可能性もあるのではないでしょうか。

専門的な知識を持ち、高いスキルを持った女性たちがメディアで活躍の場を増やしていけば、これから学校で学び、社会に出ていく若い女性たちのロールモデルになってくれるでしょう。女性の活用が進んでいない会社でロールモデルもなく孤軍奮闘している女性社員と同じく、日本の女子生徒・女子学生たちは「あの人のようになりたい」と思う対象を見つけられないでいます。見えなければ、なりたいとも思えない。見えるからこそ、目指せるのです。

第8条

経験と憶測は、無意識バイアス(偏見)を助長しがちです

どんな人にも無意識のバイアスがあります。たとえば英語ですと「アグレッシブ過ぎる」など、女性にしか使わないネガティブ表現があります。日本語で言えば「気が強い」といったところでしょうか。男性の評価には使わない特殊な表現はジェンダーバイアスであることを自覚しましょう。また、女性は転勤を好まないだろうと思って提案しないのもナンセンス。人は男女差よりも個人差のほうがずっと大きいのですから。

誰にでも無意識のバイアスがあります

あなたの会社で女性管理職や役員を増やしたいと考えたとき、「候補が見つからない」「その役職にふさわしい経歴の女性社員がいない」といった悩みを抱えることがあると思います。しかし、それは事実でしょうか。もしかしたら、あなた自身、また会社の人事担当の心に染み付いた「男女の役割イメージ」が、人選に何らかの影響を及ぼしているかもしれません。また女性社員たち自身も、旧来の女性的な役割にしばられて、本来の能力を十分に発揮できていない可能性もあります。

そうした心の奥底に根強く潜むステレオタイプな物の見方を、「無意識バイアス」と呼び、これを上手にコントロールすることが企業経営に欠かせないという考えが欧米の先端企業を中心に広がっています。

「無意識バイアス」とは、私たちの脳が持つ「省エネ機能」だといわれます。人間が五感を通じて一秒間に取得する情報は１０００万件を超え、このうち意識して判断できるのはたったの40件なのだそうです。脳は大量の情報を処理するために、これまで経験してきたこと、見聞きしてきたことに照らし合わせて、「無意識のうちに」「自分なりの」解釈をする。この判断のショートカットが、無意識バイアスというわけです。

そのため無意識バイアスは誰にでもあるもので、それ自体が「悪い」わけでは決してありません。ただ判断の基準が、自分がこれまで見聞きしてきたこと、経験してきたことに基づくために、育ってきた社会環境や得てきた情報によって大きく影響される。その点が問題なのです。

特に無意識バイアスは、女性を含めた多様な人材をマネージメントする際に大きな障壁となりうることが分かっています。上司が自分の主観的なものの見方や思い込みに気づかないまま、部下の評価や仕事内容を決めてしまえば、その人の能力を十分に生かすことができません。それは会社として大きな損失でしょう。さらには「自分は正当に評価されていない」と思われることで、会社にとって必要な優秀な人材を取り逃がしてしまう可能性も大きいのです。

「既婚」の「女性」は出張や転勤に向かない——と決めつけないで

第4条で、途上国で立ち上げるビジネスの責任者として誰を派遣するかという話し合いがあったとき、有能なベテラン女性社員が、「受験期の子どもがいる母親だ」ということを周囲から勝手に忖度《そんたく》されて、他の男性社員にポストが回りそうになったというエピソードを紹介しました。これも、無意識バイアスの分かりやすい一例といえるでしょう。「途上国」「ビッグプロジェクト」「立ち上げ」といったキーワードに対し、選抜する側の脳裏で「既婚」の「女性」は無意識のうちに順位を下げられてしまった。あるいは「単身赴任は男性がするもので、女性が夫や子どもを置いていくことはありえない」というステレオタイプも、彼女に対して事前のリサーチをしていなかった点に起因していたと思います。

また日本の金融機関から転職してきた女性から、非常によく聞かされるエピソードがあります。当社に中途採用されるくらい有能であり、もとの会社でもそれなりに経験は積んでいる女性たちです。にもかかわらず、「男性の部下と営業に行くと、相手は彼の方しか見ていない。話をしているのは私なのに、返事は彼の方に向かってする」というもの。そうした不公平な対応に嫌気がさし、仕事へのやる気を失っている女性も決して少なくないのです。

私自身は幸いにも、「女性だから」ということでネガティブな対応をされた経験はほとんどありません。ただ「ウーマノミクス」のレポートが注目されるなかで、「女性の社会進出が進むと、日本の出生率がさらに下がるのではないか」という質問を何度となくされることに非常に困惑したものです。

ちなみに現実はまったく逆です。レポートにも書いたように女性の就業率が高いエリアほど出生率も高いことがデータとしても証明されています。アメリカだけではありません。現在の日本でも、島根県や福井県などに代表されるように、出生率が高い地域のほうが女性の就業率が高いという傾向が見て取れます。子育て中の女性だから仕事に向かないと思っている男性は少なくないと思いますが、それはフェイクニュースを信じているのに近いのです。

また――これが重要なポイントですが――その質問をした人は、私に対して「女性は家庭に入って子どもを生むもので、外で働くのは本来の役割ではない」と言っているのに等しいわけなのです。そうした質問を「する」こと自体が無意識バイアスであることに、気づいていただきたいと思います。

たとえば「気が強い」。女性にだけ使われるネガティブワードに気を付けて

そうした旧来の「男らしさ」「女らしさ」にまつわる無意識バイアスが、多様な人材をマネージメントする際に厄介《やっかい》な障壁となりうることは、アメリカでジェンダー研究をしている研究者からはたびたび指摘されてきました。男性側に固定的な性別役割分担と

いうバイアスがあることは前述したとおりですが、それだけではありません。**当の女性自身も旧来から求められてきた「女性らしさ」に縛られてしまうことが少なくないのです。**

女性に対しては様々なバイアスがあることが知られていますが、なかでも厄介なのは、「能力が高い女性は嫌われる」というもの。日本でもこうした傾向があると思いますが、これは比較的女性の進出が進んでいるアメリカにもあります。

このバイアスに関しては有名な研究結果が報告されています。コロンビア大学ビジネススクールのフランク・フリン教授とニューヨーク大学のキャメロン・アンダーソン教授が２００３年にある実験を行いました。実在する女性ベンチャー・キャピタリストの「強烈な個性の持ち主で……幅広い人脈を活用して成功した」というエピソードを、２つのグループの学生に読ませるというものです。ただし片方のグループにはこの女性の名前を伏せて、男性名で示しています。

このエピソードを女性のストーリーとして読まされた側の学生たちは、この女性を「自己主張が激しく自分勝手」であるとして、同僚として好ましくないとの評価を下しています。ところが、男性名でこのエピソードを読んだ学生たちのグループは、同僚として働くのに好ましい人物として評価するという結果が出ています。

不思議ですね。違っているのは性別だけなのに、人はこれほどまでに違う印象を抱きます。つまり、成功している男性には好感を持ち、成功した女性に対しては好感を持たないのです。実験からわかるように、これは男性だけの感情ではありません。女性であってもそうなのです。

こうした例は、あなたの周囲でもきっと数多くあるはずです。たとえばある組織で「リーダー候補」とされる人物に対する評価が、「あの人はアグレッシブ」「とてもタフだ」「強引だ」といったものだとします。その人物が男性であった場合、その評価はとてもポジティブですよね。積極的で精力的、そしてたくましい。しかしそれが女性になると、今度は逆に、攻撃的で頑固、威張りちらしているといったネガティブなイメージになるという結果が出ているのです。

あるいは私たち金融業界でよく耳にする、**女性に対する形容として、「シー・ハズ・シャープ・エルボー（彼女はとてもとがったヒジを持っている）」という言い方がありま**

す。とがったヒジで相手を押しのけて進む、つまり、彼女はアグレッシブすぎるという意味であり、男性には使われない表現です。日本でも、「気が強い」という表現は、主に女性にしか使われないネガティブワードですね。

他にも、競争心が旺盛《おうせい》、自信たっぷり、独立独歩、冷徹《れいてつ》など、男性においてはある種の褒め言葉になる表現が、女性に冠されたときにネガティブな評価として受け取られることがあります。それは昇進のプロセスにおいて——特に彼女をよく知らない人たちに印象を伝える場合には、細心の注意をはらって言葉を選ぶ必要があります。

たとえば営業でバリバリ稼いでいる女性社員がいたとします。彼女の昇進を推薦する文章に上司が良かれと思って「非常にアグレッシブです」と書いたのですが、それを読んだ年長の幹部たちが「性格がキツそうな女性だ」と受け取って「リーダーにふさわしくない」と評価してしまうかもしれません。あるいはある女性社員のクールで冷徹な判断が会社のビジネスを発展させるうえで非常に有益かもしれないのに、「そんな女性とチームを組むのは嫌だ」という現場の反発を招いて、彼女が働きにくくなってしまうといったケースも考えられるのです。

人を評価する言葉には、旧来のイメージがもたらした「無意識バイアス」がからみやすい。人材のマネージメントにおいては、できるだけジェンダー的に中立な言葉を用いることを心がけるべきでしょう。

二面性を求められて自己像が揺らぐ女性たち

もう一点、無意識バイアスがもたらす厄介な問題として、女性たちの自己評価に葛藤《かっとう》が生まれてしまうということがあげられます。

これは当社でも日本やアジアに多い現象かもしれないのですが、非常によくできる女性社員に対して、男性陣から「彼女の仕事ぶりは評価している。ただ、もうちょっと優しい態度でいてくれたら」といった声がちょくちょく上がってくるのです。多少冗談めかしてではありますが、「男っぽすぎる」「女性らしさに欠ける」といった軽口も聞かれます。

男性のみならず、女性自身も女性らしさに縛られる傾向にあると先ほど指摘しました。これによって、**女性たちは、はっきりとものを言い、アグレッシブに仕事をし、あからさまに競争するようなことは「女性らしくない」「人から好かれない」として自分の仕事の目標を低めに設定する傾向があるように思います。**本書ではここまでたびたび、女性は自己宣伝が上手ではない、男性に比べて能力があっても昇進に対して消極的だといったことを指摘してきましたが、こうしたことも、女性自身が「女性らしく」しなくては——と思うためなのかもしれません。

外資系の金融業界で活躍する女性たちは、もちろん基本的にタフでアグレッシブ。そうでなければ、この業界で結果を出すことはできません。ですから普段は、そんな男性陣からの評価もいちいち気にしてはいないでしょう。ただ仕事に何らかの迷いが生じたとき、結婚や出産といったライフイベントに直面して将来を考えるときなどに、ふと「アグレッシブであることと、女性らしくあること。自分はどちらの評価に合わせるべきなのか」と悩んでしまう。ひとりの人間に対して、まったく別の角度から「こうあるべき」と求められているようで混乱する。自分のなかで、どうやってバランスを取っていけばいいのか。私は東京のオフィスで、何度かそうした相談を女性たちから受けてきました。

ケースバイケースで抱えている背景も違うため、一概にアドバイスはできません。ただ個人の性格というか、人となりを変えることは難しいですし、たとえ周囲が求める自己像へ無理に合わせたとしても長続きはしないでしょう。あるいは上司に対してはアグレッシブなできる社員、同僚に対しては優しく気配りのできる女性と、2つの面を使い分けるのも自然ではありません。

仕事で潜在能力をフルに発揮するためには、自分自身が自然体でいられることが非常に重要です。あなたの会社で次期リーダーとなるかもしれない有能な女性社員が、旧来の女性イメージにしばられて能力を発揮できない、企業人としての成長を妨げられているとしたら、それは大きな損失です。**もしも彼女がアグレッシブでタフで、多少強引であるならば、その性格を上手に生かしてあなたの会社で活躍してもらえばいいのです。**

もしあなたの会社で同様に、ビジネスに役に立つ性格と、周囲が求める女性像の乖離《かいり》に悩んでいる女性社員がいたとしたら、まずはその悩みにきちんと耳を傾けること。上司や同僚など周囲の無意識バイアスに問題があるとすれば、経営陣からしっかりと指導をして改善をうながす。必要とあれば配置換えなどを検討するといった配慮が必要になると思います。

無意識バイアスをコントロールするために

個人のなかにひそむ無意識バイアスをコントロールし、組織のダイバーシティを進めるためには、地道な訓練、教育しか方法はありません。無意識バイアスを克服していくには、

①無意識バイアスとは何かを理解し、自分も含めてほぼすべての人にあるものだと知ること。

②自分のなかの「無意識バイアス」に気づくこと。
③無意識バイアスをコントロールする具体的な方法を学んで、行動に移すこと。

この三段階が必要だといわれます。

ゴールドマン・サックスでは、世界共通の取り組みとしてダイバーシティ経営を目的とした講習やトレーニングを行っています。特に日本法人の場合、中途採用で日系の金融機関や日本企業から移ってくる人も多いので、旧来の男らしさ女らしさなど、無意識バイアスについてのトレーニングは重要です。トレーニングには新卒向けから幹部向けまで、さまざまなレベルがあります。

たとえばプロの役者が演ずる寸劇を見ながら多様な人材を生かす知識を学ぶ研修があります。子育てと仕事の両立に悩む女性社員に対して上司としてどう接するか、成果があげているけれども同僚とぶつかりがちな女性社員とどう向き合うかなど、実際に起こりそうな場面のシナリオを用意して、受講者がその場面を見て、どう思ったかを議論するといった内容です。「あの場面で、こういう返事をしたのはよくなかった」「ああした態度は問題がある」など、他から指摘されて初めて気がつくことも多いようですね。

こうした講習を行う団体と契約をしたり、専門家を招いてセミナーを行うなどして社員はもとより、皆さんたち経営トップの考え方を変えていくことも大切だと思います。

第9条

悩める女性には、あえて、難しい仕事をさせてみませんか？

女性は出産、育児に年齢制限があるせいか、30歳前後でいろいろな人生設計をめぐり悩みがち。将来が見通せないなどと悩んでいるさなかに、他社から誘いがあると、つい転職を選択したりもします。会社に魅力を感じてもらうためには、あえて難しい仕事にチャレンジさせるという手もあります。

〝幻の赤ちゃん〟を胸に、将来を心配してしまう女性たち

私のもとへあるとき、若い女性の部下が「アドバイスがほしい」と訪ねて来ました。彼女は一回目の昇進に成功して、この会社での将来を真剣に考えているということでした。彼女が聞いてきたのは、「自分も松井さんのように、結婚して母親になっても仕事を続けたい。そのためには、どういったタイミングで結婚をして何歳ごろに子どもを作ればいいのか」ということ。私は彼女の聞き方がちょっと気になったので、「立ち入ったことですが、近いうちに結婚の予定があるのですか?」と質問してみました。なんと、答えはノー。「では、結婚を考える彼氏ができたのですか?」、これもまたノーだったのです。

つまり彼女は、〝幻の赤ちゃん〟を抱きながら将来について悩んでいたのですね。もちろん長期にわたって人生をプラニングするのは、悪いことではありません。しかし女

性はどちらかというと、必要もないのに先の先まで考えをめぐらせ、「こうなったらどうしよう」と心配する傾向が強いように感じます。

アドバイスを受けに来た女性スタッフに対しては、「どうして彼氏ができる前から、そんな深刻な問題に頭を悩ませているのですか。いま最優先すべきは、仕事で最高のパフォーマンスを出して次の昇進に備えることでしょう」と答えました。それだけでは少しアドバイスとして厳しすぎるかもと思いましたので、「今できることでいえば、もう少し仕事を効率化してみてはどうでしょう。プライベートの時間が作れないと、恋人を見つけてもデートができませんからね」と付け加えもしましたが（笑）。

なぜ将来の人生設計よりも、現在の仕事を優先すべきだとアドバイスしたのか。それが彼女にとって、職場に愛着を持つことにつながると考えたからです。

30代の女性が仕事を辞める大きな理由は、出産や子育てをきっかけにキャリアを諦めてしまう「M字カーブ」の問題です。けれど、それはすでに結婚し、子どもが出来た女性に限ったことではないのです。

可能性でいえば男性は70代でも父親になるチャンスがあるのに対して、女性が子どもを生むことができる年齢には一定の制限があります。その期間に照準を合わせて、いつまでに結婚するか、育休はいつ取るか、子どもが受験する時期に自分は何歳になっているか等々、20～30代の女性にはいろいろと考えておくべきポイントがライフサイクルのなかに点在しています。将来的に家庭を持ち、家族を大切にする人生を送りたいと彼女たちが思ったときに、「現在のようなスピードで今と同じ量の仕事をこなしていくのは無理だ」と判断して、職場でのキャリアアップを望まないようになってしまうケースも考慮しなければなりません。

30代で女性が職場を去ってしまうもう一つの要因として、グローバル規模で起きている「人材戦争」についても考えておくべきでしょう。優秀な人材をめぐって、世界規模で熾烈《しれつ》な獲得合戦が起きています。たとえば**私たち金融業界が求めるような高いスキルと能力を持った女性たちは、他の企業、他の業種からも熱烈に求められています。30代という、まさに働き盛り、伸び盛りの女性たちが、ほんの一瞬でも「この会社は自分に合わない」「このまま働いていても自分の将来像が見えない」と感じたら、他の会社からのヘッドハントの誘いに応じてしまう可能性も大いにあるのです。**

あえて難しい仕事に挑戦してもらうという方法もアリ

優秀な女性たちを現在の職場につなぎとめておくにはどうしたらいいか。もちろん当社の試みとしてこれまで紹介したような子育て支援、ネットワーク、上司との信頼関係といった対策も重要だと思います。

そうした対策が彼女たちを支える「バックアップ」になるとしたら、もう一つ重要なのが、彼女たちのキャリアをより高みへと引き上げる「プルアップ」の力。もしかしたらこちらの方が、彼女たちを引き止める力としては強いかもしれません。

結婚・出産・子育て、また介護といったライフイベントが起きたときに、彼女たちが職場に残るかどうかは、仕事に対するモチベーション次第です。もし5年も10年も同じような仕事、自分でなくてもできる仕事と思ったら、「私はここ（職場）にいなくてもいいのでは」「家族の方を大切にすべきかも」と女性たちが考えてしまう可能性があることを、企業のトップ、人事担当者は理解しておく必要があるでしょう。

女性たちがライフイベントと仕事との間で迷ったときに、「やっぱり仕事を諦めきれない」「職場に戻りたい」と思わせるだけのモチベーションをいかに育むか。モチベーションは、自分が周囲から期待されている、成長が実感できる、自分にしかできない仕事があるといった条件が満たされたときに上昇します。

なかでも能力の高い女性社員に対しては、あえてチャレンジングな目標を与えて成長をうながす「ストレッチ・アサインメント（少々背伸びが必要な仕事）」が効果的だと私は考えます。たとえば上司と行っていた仕事をひとりに任せる、国内で働いていた人を海外へ派遣する、重要なプレゼンテーションを任せるなど。慎重派の女性たちがつい尻込みしてしまいそうなチャレンジにも、あえて挑ませる。さらに、これも非常に重要なポイントですが、その成果を正当に評価しなければなりません。

日本の企業では勤続年数や年齢といった要素を重視して、組織の中で役職や賃金などを決定する年功序列が長く続いていました。そうした職場では、出産や子育てといったライフイベントを抱えた女性はどうしてもハンディを負ってしまいます。女性に活躍してほしい、長く働いてほしいと願うならば、従業員それぞれの能力や会社への貢献によって賃金や役職を決める成果主義を柔軟に取り入れていくべきではないでしょうか。

成果主義で難しいのは、評価軸の設定がしにくい分野の仕事もあるということでしょう。私の所属する証券会社の調査部のように、顧客である機関投資家からの評価がキャリアの評価につながる部署はその点は比較的明快です。多くの企業でも、営業部やマーケティング部などは成果を数字で置き換えやすいため、評価も容易だと思います。ただ広報や人事のように成果を可視化しにくい部門であっても、経営陣が真剣に社員の働き方を調査し測定することで、それぞれの役割について評価の基準を見つけることは十分に可能だと思います。

その場合に大切なのは、評価の基準を経営トップが従業員たちへきちんと開示することです。それは従業員の知る権利だからでもあり、また開示がされなければ、何をどうがんばればいいのか、どのような姿勢で仕事に取り組むべきか分からずに現場が混乱してしまうからでもあります。

また成果主義を取り入れた会社では、社員の側からも、「どういう成果を出せば評価につながりますか」と積極的に聞いていくことも必要になります。

これは、質問という名のアピールでもあります。「私は評価を受けたい」「そのために何が必要か知りたい」という意志を示されれば、上司としても「この人は上を目指しているのだな」と明確にわかります。

残念ながら女性は、こうした質問の回数がとても少ない。そこにはやはり、第4条でも述べた「キープ・ユア・ヘッド・ダウン」の悪い教えが影響しているのでしょう。黙々と努力をしていれば、いつか誰かが自分を見つけてくれるという意識。しかしそれでは、彼女自身がパフォーマンスの改善点を見つけることができず、成長にもつながっていきません。また男性陣の積極的なアピールに慣れている人から「彼女はきっと昇進したくないのだ」「この職場に長くいたくないのかもしれない」と捉えられてしまう危険もあります。

今後の成長を期待している女性社員には、経営側から「あなたの次のステップには、こうした努力も必要です」と伝え、その結果に対して昇進やボーナスといった目に見える評価を与えましょう。そうした前向きなフィードバックの繰り返しによって、彼女自

身はもちろん、周囲の女性たちにも「現在の仕事へ真剣に取り組み、成果をあげること」の大切さが浸透《しんとう》していくはずです。

ただやみくもに、「女性にも活躍してほしい」とはっぱをかけるだけではなく、明確な手順を示してキャリアアップの道へと引き上げる。その力が十分に強ければ、彼女たちが〝幻の赤ん坊〟に悩まされることもたぶん少なくなっていくと思うのです。

私自身も専業主婦になろうかと考えた時期がありました

仕事を「愛する」思いは、ライフイベントに引き込まれがちな女性を職場へ戻す大きな力になります。

私には息子と娘がいますが、彼らが生まれて産休を取っていた期間は仕事を辞める気持ちはまったくありませんでした。ただ36歳で乳がんを発症しアメリカで治療を続けていたときには、このまま仕事を辞めてしまうか、日本に帰って仕事に戻るかで、かなり悩みました。なぜなら息子は4歳、娘はまだゼロ歳。もし自分に何かあったら、「こんなに幼い子どもを残してしまう」。それはあまりに悲しいことですから、とにかく生きる、病気から快復することが私にとって最優先のミッションだったのです。

実家のあるカリフォルニアでは、乳がんの経験者が集うサポートグループに入りました。そこで自己紹介かたがた、私の仕事の内容などを話したところ、多くの人から「もし同じ働き方に戻ったら、病気が再発するかもしれないから気をつけて」と忠告を受けました。また私の実の母も——彼女は父とともに蘭を栽培する畑で働きながら私たち4人の子どもを育てた人でしたから——私が多忙な職場に戻ることを心配していたのです。

先に紹介した私のBODメンバーたちにも、メールで「あなたが私だったらどうしますか」と聞きました。小さな子どもがいる人も、キャリアを積んでいる人もいましたから。だけど彼女たちの意見は「キャシーが好きな道を選べばいいですよ」というものばかりで、あまり参考にはならなかった(笑)。

いちばん私の助けになったのは、今は亡きドイツ人の義母からのアドバイスでした。彼女は医師の仕事をやめて子どもを育てた人。彼女からのメールには「あなた自身が選ぶことですから、専業主婦になるのも仕事に戻るのも、好きなようにしてください。ただ胸に手を当てて思い出してほしいのは、日曜日の夜8時ごろにあなたが感じる気持ちです。子どもたちと週末を過ごした後、明日のことを考えてどんな気持ちになりますか？」とありました。子どもと過ごすのは、もちろん楽しい。幸せを感じます。でも――明日は月曜日だから私には仕事があって――ほっとする！（笑）。

やりがいのあるプロジェクト、成果の見える作業、正当な評価。もちろん仕事のストレスが再発のリスクになるかもしれないけれど、仕事を辞めてずっと家にいるほうが私にはストレスなのではないか。緊張感あるビジネスの場にいて仕事に集中していれば、病気のことは考えずにいられる。そして何より、私は自分の仕事を愛していたのです。

きっと義母も、私がどう感じるか想像したうえで「日曜夜8時の気持ち」を聞いてくれたのでしょう。あのときのアドバイスには、今も本当に感謝をしています。夫や会社のサポートもあり、私は仕事を続けることを決めました。復帰後しばらくは出張も減らし、夜も早く帰るようにしました。また会社での仕事以外に、アジア女子大学の支援に携わるといった新しいチャレンジを始めることもできたのです。

ところで私はある日、「ワーク・ライフ・バランス」という言葉を使うのをやめました。多くの女性にとって「バランス」という単語は、「完璧な母、妻、キャリアウーマン」の役割を3分の1ずつ均等に果たすようなイメージを抱きがちです。私にとってはそれがストレスにもなっていました。その日その日の状況によって3つの役割の何に重きを置くかは変わって当然。そこで私は「ワークライフ均衡」という言葉を作りました。それからは自分の中のストレスレベルが格段に下がりました。

人に仕事を任せることを覚えましょう

この章では、男性たちに対して、ぜひ女性部下たちに仕事を任せてみてほしい——と呼びかけてきましたが、「ワーク・ライフ・バランス」、いえ、「ワークライフ均衡」についで触れたので、ついでに私が女性たちにも仕事を任せることを覚えてほしいと思っていることについても述べておきますね。

仕事でもプライベートでも、誰かの力を借りる、誰かに任せるというのが、私は正直苦手でした。私の知っているワーキング・マザーの多くも、何でも自分でやらないと気が済まないと考えています。しかし、だんだんとわかってきたのは、人に仕事を任せることこそが、ワーク・ライフ・バランスの秘訣だということ。

初めて産休を取ったとき、会社に復帰してからどのように子育てしていくかを夫と相談しました。最初は地元の保育園に息子を預けようと思っていましたが、夫からナニー（住み込みのベビーシッター）を探すよう勧められました。夫はドイツ人で、ナニーのいる家庭で育ったので、それが普通だと思っていたようですが、私は子どものときナニーなどおらず（母が私と3人の兄弟をひとりで育てました）、見知らぬ人に生まれたばかりの息子を預けることに抵抗を感じていました。しかし私も夫も両親は海外に住んでいるので子どもの面倒を頼むことができませんし、二人とも海外出張が多かったので、最終的にナニーを雇うことにしました。

次の問題は、私たちが信頼できるナニーを見つけることでした。他の国とは異なり、介護者やベビーシッターを斡旋《あっせん》するエージェンシーは日本にはほとんどありません。□

コミや街中の掲示板の告知を通して、30人以上の女性にインタビューし、やっといい人に巡り合うことができました。香港やシンガポールなど、ナニーの数が多くコストも手頃な他のアジアの国では、フルタイムで働く女性の比率が日本よりはるかに高いのは当然です。

時間が経つにつれ、ナニーを雇って本当によかったと思うようになりました。子どもが健康なときですらフルタイムの仕事と子育ての両立は難しいのに、病気にでもなるとさらに大変です。自身の子どもを育てた長年の経験を持つナニーには大変助けられました。育児の手伝いに加えて、彼女は食事や家事なども手伝ってくれました。はじめは、育児や家事を「外注」することには大きな罪悪感がありましたが、育児で一番大事なのは、一緒に過ごす時間の量ではなく、その時間の質の高さだと気づきました。時間のかかる家事をナニーに任せることができたので、夫と私は息子や娘と一緒に充実した時間を過ごすことができ、ストレスも全体的に少なくなりました。長年の間、私たち家族の面倒を見てくれたナニーは、もはや家族同然の存在です。恵まれた環境で子育てができたことで、私は人生と仕事のバランスを上手くとることができたのです。

職場でも、仕事を人に任せることが苦手だと感じる女性は多いものです。私も部下に仕事を任せるのが下手でした。育児を他人に任せること以上に抵抗があったかもしれません。ゴールドマン・サックスで昇進するにつれ、日本株のストラテジストとしての仕事に加え、投資調査部門の管理職としての責任が加わるようになりました。最初はすべてを自分でやろうとするあまり、とても苦労をしました。ストラテジストとしての仕事は、自分で管理できる部分が多いので比較的やりやすかったのですが、管理職の仕事ははるかに複雑で、時間もかかる。それに予想外の事態が起こることもある。ほぼ毎日、複数の問題に同時に対応しなければならないし、人事に関する事柄も多くミーティングに時間を取られていました。このため、ストラテジストとしての仕事に掛けられる時間が少なくなってしまい、どんどん自分が遅れてしまっている気がしていました。

できる限り多くの仕事を部下に任せる必要があるのは頭では分かっていましたが、自分と同じレベルの仕事をしてくれるのかどうかと不安でした。でも実際に任せてみると、彼らは見事に仕事をこなし、私の期待に応えてくれたのです。おかげで私は大きな負担とストレスから解放されました。今だからこそわかるのですが、子どもを育てるのと同じように、難しい仕事やストレッチ・アサインメントを与えられ、失敗を重ね、その失敗から学ぶことで人は成長するのです。子育ても同じです。このことにやっと気づき、私のチームメンバーの成長を目の当たりにしたときには、もっと前からいろいろな仕事を任せておけばよかったと後悔したくらいです。女性にもぜひ仕事を人に任せることを覚えてほしいと思っています。

さて、ゴールドマン・サックスでは、昇進は個人のパフォーマンスだけでなく、自分の部下の育成など管理職としてのパフォーマンスも評価対象になります。個人の成功の大きな部分は部下の成功にかかっているので、早い段階から業務を任せるスキルを身につけることが求められています。

女性社員のワーク・ライフ・バランスを考えるなら、「人に仕事を任せる」スキルも伝授してあげてください。

第10条

人材争奪戦の
時代に
改革は急務です！

女性だけではありません。男性ふくめ、これから先、若い世代で優秀な人を採用しようと思ったら、旧来の価値を押し付けていては大変なことになります。多様性を高めるための取り組みなくして人材争奪戦には勝てません。今日から改革を始めましょう。

人材争奪戦に向けて、ドレスコードを変更

2019年、ゴールドマン・サックスはその150年の歴史の中で初めてドレスコードを変更して、「フレキシブル・ドレスコード」、つまりTPOをわきまえたうえでのカジュアルウェア解禁となりました。最初は恐る恐るだった社員も、今では当たり前のようにジーンズで出勤しています。サンフランシスコやシリコンバレーのテクノロジー企業ではスーツを着た人を探すほうが難しいかもしれません。世界的なIT企業のグーグルやアマゾンと優秀な人材をめぐって争わなければならない私たちにとっては、ドレスコードで負けるわけにはいきません。

先日、当社の広報スタッフから「キャシー、公式ウェブサイトに使うあなたのプロフィール写真を撮り直したいのですが」とオファーを受けました。前の写真を撮ってからだいぶ時間が経っていたので、更新の時期が来たのかなと思っていました。しかしほど

なく、写真を撮り直していたのは私ひとりではないと気が付きました。ニューヨーク本社をはじめ、全世界の役員すべてのプロフィール写真が次々と新しくなっていたのです。役員の新しいプロフィール写真は、オフィスの窓際などカジュアルな雰囲気の場所で、男性の多くはノーネクタイ、女性も柔らかな色合いの服装で、にっこりと親しみやすい表情を浮かべた写真が選ばれているように感じました。

広報スタッフによれば、それはドレスコードの変更とも関係しているそうです。よりソフトな印象の写真には、人間らしい温かみを感じます。以前のプロフィール写真はパスポートにでも使われるようなブルーの背景に、金融業界らしくかっちりしたスーツ姿で真面目な表情をしたものがほとんどでした。それではいかにも堅いというか、マッチョで古い業界というイメージを若い世代に持たれてしまうのではないか。２０１８年、新たに当社ＣＥＯに就任したデービッド・ソロモン（彼はクラブミュージックのＤＪとしても活動しています！）はそうした危惧《きぐ》から、自社イメージの刷新に踏み切ったようです。

優秀な若い人たちは、ワーク・ライフ・バランスを重視する⁉

人口動態の問題として日本や欧米はもとより中国など東アジアでも、少子化が進んでいます。**世界的な現象として、ミレニアル世代を含めた次世代の人材――しかも潜在能力が高くイノベーティブな力を持った人材の獲得が企業の生き残りをかけた最重要課題になっているのは間違いありません。**女性だけでなく、男性も含めた次世代の優秀な人材を獲得し、自社のために能力を発揮してもらうには、企業としても職場の環境、制度、マネージメント、企業イメージから経営陣の意識にいたるまで、旧来の価値観を大きく転換する必要があるのです。

というのも、「ミレニアル世代」は、私たち前世代とは違ういくつかの特徴を持っています。その一つが、生まれた時からパソコンやスマートフォンが身近にある「デジタル・ネイティブ」であることがあげられるでしょう。インターネットやＳＮＳを日常的に駆使している彼らは、先端技術と親和性が高く、情報リテラシーにも長けています。

私たちが学業を終えて就職先をどこにしようか選ぶときには、情報源となるのは企業が配るパンフレットや大学のＯＢ・ＯＧなどの体験談しかありませんでした。給与や制度、福利厚生についても公式なデータを参考にしていたと思います。それは転職先を調査するときにも、同じでした。

しかし**現在は、たとえばグラスドア（米国の転職情報に関する口コミサイトの最大手）のように、匿名《とくめい》で「この会社の制度はここが良くない」「自分はこういう仕事で、入社何年目で給与はこれくらい」といった、かなり機密に近い情報がオープンにされています。情報の壁がどんどん薄くなる時代、企業がどれだけ体裁をつくろって内実を隠そうとしても、オープンな情報に慣れ親しんでいる「ミレニアル世代」には容易に見抜かれてしまうと覚悟しなければなりません。**

また「ミレニアル世代」は組織への忠誠よりも、個人の幸せや快適さを優先するといわれている世代です。年功序列や終身雇用によるキャリア形成に興味を持たないのはもとより、転職に対する後ろめたさや罪悪感もほとんどありません。また就職先を選ぶ場合にも、企業のブランドよりも、どのようなスキルや経験が身につくかを重視する傾向も強い。そのためには企業内での配置転換も積極的に求めますし、休職をして大学院等で学び直すことにも抵抗がないようです。

前出のフェイスブックCOO・シェリル・サンドバーグ氏は著書のなかで、キャリアは上へ真っ直ぐに伸びる「梯子《はしご》」ではなく「ジャングルジム」だというコンセプトを広めています。学校を卒業してからリタイアするまで、予測可能な階段を上がっていくというより、水平に動いたり、予想外のジャンプをするのが「ミレニアル世代」のキャリアに対する意識だといえるでしょう。

〈英語では、出世はよく梯子に喩えられる。だがこれは、もはやほとんどの人に当てはまらない。二〇一〇年の時点で、平均的なアメリカ人は一八～四六歳の期間だけで一一の仕事を経験している。つまり、一つの企業なり組織なりに就職し、そこで一本の梯子を上っていく時代はとうの昔に過ぎ去ったのである。（中略）。梯子には広がりがない。上るか下りるか、とどまるか出て行くか、どちらかしかない。ジャングルジムにはもっと自由な回り道の余地がある。梯子の場合、上りは一本道だが、ジャングルジムならてっぺんに行く道筋はいくつもある。ジャングルジム・モデルは誰にとってもメリットがあるが、女性にとってはとくに好ましい。これなら、就職、転職は言うまでもなく、外的な要因で行く手を阻まれたときも、しばらく仕事を離れてから復帰するときも、さまざまな道を探すことができる。ときに下がったり、迂回したり、行き詰まったりしながら自分なりの道を進んで行けるなら、最終目的地に到達する確率は高まるにちがいない。それにジャングルジムなら、てっぺんにいる人だけでなく、大勢がすてきな眺望を手に入れられる。梯子だと、ほとんどの人は上の人のお尻しか見られないだろう。〉

（『LEAN IN《リーン・イン》　女性、仕事、リーダーへの意欲』シェリル・サンドバーグ著、村井章子訳、日本経済新聞出版社、２０１３年、Ｐ76）

梯子よりもジャングルジムをイメージしてキャリアを積んでいく世代が増えるなかで、企業はどのような努力をして人材をつなぎとめていけばいいのか。私たちゴールドマン・サックスは、これまで紹介したような女性の活躍推進をサポートする制度だけでなく、さまざまなバックグラウンドを持った社員が自分の能力を発揮できる仕組みを設け、さらにそれを地域ごと、時代の変化に合わせて刷新を繰り返しています。実際に利用する社員の意見も反映されるように、アンケートや聞き取り調査、グループミーティングも実施しています。

70％を占めるミレニアル世代の社員のリクエストでトレーディングフロアに設けられたのが「コラボレーション・スペース」です。会議室ではなく、もっとオープンでモダンなスペースで社内ミーティングができれば、という要望に応えたものです。ミーティングというほど堅苦しくなく、上司や同僚とカジュアルに話ができるスペースとして社員にも好評だということです。またこのスペースにはコンピューターや電話を備えたデスクもあり、通常の仕事もできるようになっています。いつもと違う場所で仕事をするのも気分転換になりますね。

他にも、シリコンバレーの新興ＩＴ企業などが取り入れているエスプレッソバーや、食べ放題のスナックコーナーといったアイデアもありましたが、当社ではまだそこまで意識改革が進んでいません（笑）。とはいえ若い世代ができるだけ働きやすく、長期間この職場で活躍してくれるために必要な対策は、今後もさまざまな角度から考えていかなければならないと感じています。

「そこまでしなければいけないのか」という、企業トップのため息が聞こえてきそうですね。ええ、「そこまで」しなければ、今後ますます激化の一途をたどる「人材戦争」に勝利することは不可能なのです。

ダイバーシティを高めることこそ企業生き残りの鍵です

前世代と「ミレニアル世代」の価値観の違いとして、ダイバーシティに対する親和性の高さもあげられるでしょう。デジタル・ネイティブである彼らは、インターネットやSNSを通じてさまざまな考え方を持った人とコミュニケーションをし、多様なバックグラウンドで生きる人の姿に触れています。そのため前世代にとって「変わっている」

「間違いではないか」と感じられることも、「そういう考えを持つ人もいる」「人によって価値観は違う」という考え方をごく自然にできる傾向があります。

前述のように、組織への忠誠心よりも、個人の幸福や快適さを重視するのも「ミレニアル世代」の特徴です。そのため働き方としてワーク・ライフ・バランスを重視し、家庭を持ってからもパートナーと協力して仕事とプライベートをともに充実させようと考えるのです。

２０１９年に発表した「ウーマノミクス５・０」でも、女性の活躍を後押しするジェンダー・ダイバーシティの追い風として、私たちは日本の若年層のワーク・ライフ・バランスに対する意識の変化を取り上げました。

一世代前の１９８７年には、独身男性（18～34歳）の38％が「将来の結婚相手が専業主婦であるべき」と考え、「結婚相手も職業を持つべき」と考える男性は、わずか11％でした。しかし同じ調査が、２００５年までに逆の結果を示すようになり、２０１５年には独身男性の34％が、パートナーに期待するライフコースとして職業を持つことを望んでおり、「専業主婦であるべき」と回答したのは10％にとどまったのです。

私自身の実感としても、数年前までワーク・ライフ・バランスについての質問は女性からしか聞かれませんでした。しかし現在は若い男性からも、積極的に職場のワーク・ライフ・バランスについて意見を聞かれるようになりました。当社の子育て支援制度も、母親限定ではなく、「仕事を持つ親に恩恵がありますよ」という説明に変わってきました。男女問わず最大20週間までのペアレンティング休暇の導入もその一つです。**男女ともに結婚しても女性が働き続けることを「当たり前」と考え、ワーク・ライフ・バランスが健全に実現できる企業に対してポジティブな印象を持つということ。**職場を一つの出会いのチャンスと考えるならば、そうした企業に入社したいと考える若い男性も多いということを企業トップの皆さんは自覚していただきたいのです。

男性が働き、女性が家庭を守るという価値観はすでに旧世代のものです。当社がかつて掲載していた役員のプロフィール写真のように、堅いとか古いとか、保守的といったネガティブなイメージをこれから採用したい若い世代に与えてしまうのは、まったく得策とはいえませんよね。

女性の部下や同僚が働きやすい職場をつくることは、優秀な女性社員を獲得するため

だけに取り組む必要があるわけではありません。男性にとっても働きやすい職場に改革することで、優秀な男性社員も採用しやすくなるのです。女性含めダイバーシティを高めるということは、あらゆる企業にとって、これからの人材争奪戦時代を生き抜くために避けて通れない課題であることを強調しておきたいと思います。

あとがき

２０１９年、男女格差を国別にランキングした世界経済フォーラム（ＷＥＦ）の報告書によれば、日本は１５３ヵ国中１２１位という不名誉な順位であり、Ｇ７では相変わらずダントツの最下位をマークしました。教育ならびに健康の分野での順位は高いものの、依然として経済と政治の分野がよろしくない。政治分野における男女の権限については、日本のランクは１４４位、経済的機会においても１１５位と、お隣の中国や韓国と比べても目を覆わんばかりの数字です。先進国といわれながらもこの国は、世界に稀にみる男女格差が大きな国のままなのです。

もちろん、前進もしています。この30年間で女性の社会進出は確実に進み、就業率は

50％台から70％台にまで上がりました。ただその内実、女性労働者の約6割がパートなどの非正規雇用であり、ここに賃金格差が縮まらない理由があるのです。

一方で、男性と同じように正規雇用の枠で仕事をしてきた女性たちは、専業主婦の妻を持つ男性社員に合わせた働き方を強いられました。その最たるものは、世界にその異常さを指摘されてきた長時間労働ですが、この慣行に縛られ、結婚や出産を諦めた女性も決して少なくありませんでした。そして、いまだに日本社会はこの負の遺産を整理しきれていません。こうしたことも、依然として世界に比して女性の登用が遅れている原因になっていることでしょう。

戦後の焦土から立ち上がった日本は、製造業を主な駆動力として高度経済成長を遂げましたが、そうした右肩上がりの時代には、組織や価値観は画一化しているほうが効率がよく、似たような社員が寝食を忘れて仕事をすれば、その分、生産性向上につながったという時期がありました。

しかし、グローバル化が進展し、また国の成長によって労働賃金が圧倒的に高くなったいまの日本は、ただ効率よくモノを生産するだけでは世界に太刀打ちできなくなっているのです。成熟国家となり、ニーズが多様化した今の日本社会に求められるのは、「効率」ではなく新しいことを生み出す「創造力」です。「創造力」を高めるには新たな発想を取り入れることが欠かせません。だからこそ、ここ十数年間、多様性の確保が鍵になると指摘され続けてきたのです。そして、最も身近な多様性の確保とは、いうまでもなく人口の約半数を占める女性の意見を取り入れることなのです。

女性のために組織を変革することは、企業の成長を促します。多様な人たちのために働きやすい職場を確保することは、女性のみならずすべての社員の生産性向上につながるはずです。皆様が今日から組織変革に向けて立ち上がってくださることを祈念しています。本書で紹介したゴールドマン・サックスでのさまざまな取り組みや、私個人の経験が皆様のお役に立てば幸いです。

コロナ収束後の世界は、日本企業にとって大変厳しいものになるかもしれません。長期的に競争力を高めるため、イノベーションを加速させなければならないでしょう。イノベーションにはダイバーシティが欠かせません。コロナ禍を機に日本企業、政府、社会がダイバーシティを最優先事項と考え、具体的な施策を講じてもらえるようになれば幸いです。

謝辞

多くの同僚、友人、家族の協力がなければこの本を書き上げることはできませんでした。特にゴールドマン・サックス社長室の上田彰子さん、コーポレート・コミュニケーションズの松本弘子さん、ジェームス・セドンさんには大変感謝しています。そして私の大親友でありプロの翻訳家でもある関美和さんからは多くの貴重なアドバイスをいただきました。本当にありがとうございます。

外資系企業の業界では四半世紀以上も一つの会社で働き続ける人はそれほど多くありません。でも私にとってゴールドマン・サックスは第二の家族なのです。長い間メンターとして私を指導し、励ましてくれたマーク・シュワルツとアビー・ジョセフ・コーエンに対しては感謝の言葉もありません。また私が今の立場にあるのは、ゴールドマン・

サックス証券の持田昌典社長のリーダーシップと助言のおかげです。

加えて、私の仲間でありこれまで私を支えてくれたチームメンバー、鈴木廣美さん、鈴木直子さん、建部和礼さん、諏訪部貴嗣さん、神山直樹さん、秋葉茅麦さん、ティモシー・モー、デービッド・コスティン、ピーター・オッペンハイマー、数えきれない人たちにもお礼を申し上げます。

最後になりましたが、この本は私の両親でロールモデルでもある松井・アンディー・紀潔、松井・メアリー・やす子、夫のイェスパー・コール、息子のタイコと娘のプリア、そしてわが家のヘルパー、エスペランザの限りないサポートと愛情に捧げます。

【資料編】

政府・企業・社会への提言

（「ウーマノミクス5.0」より一部抜粋）

日本ではこの20年にジェンダーダイバーシティ推進で一定の進捗が見られたが、**まだ課題は多く残されている。ジェンダーダイバーシティは短距離走ではなくマラソンであり、政府・企業・社会の三位一体のアプローチが最も効果的と思われる。**

世界のベスト・プラクティスを検討することによって得られた具体的な提言を以下にまとめた。これは網羅的なリストではないが、日本の人口構造が危機的状況に近づくなか、待ったなしの対応が求められる。

〈政府・民間企業・社会への提言〉

政府

1．より柔軟な労働契約形態の創設

2. 男女賃金格差の開示義務化
3. 女性の本格的就業を妨げる税制の歪みの是正
4. 議員クオータ制の導入
5. 女性の起業促進
6. より多くの家事支援／育児・介護人材受け入れを可能にする入管規制緩和
7. 女性の活躍状況に関する開示要件の強化

企業

1. リーダーのコミットメントと女性のキャリアマネジメント強化
2. より柔軟な勤務環境の促進
3. 実績ベースの評価制度確立
4. ジェンダーダイバーシティの目標設定
5. 男性リーダーを巻き込んだ取り組み

社会

1．「ウーマノミクス」に関する誤った通説の打破
2．メディア：ステレオタイプな男女の役割像の是正
3．教育：STEM分野への女子学生と女性の進出奨励

政府

政府は当社が2014年のレポートで行った提言の一部（女性の活躍に関する情報開示など）で一定の成果をあげているが、企業や社会の行動にさらなる影響を与えうる分野は他にも数多くある。

1．より柔軟な労働契約形態の創設

日本女性の就業で最大の障害の1つは、（特に正社員の）労働契約の厳格さと、正規雇用か非正規雇用の2つしか選択肢がないことである。より多くの女性に正社員としての職場復帰を奨励し、企業の雇用リスクを低減する1つの方法は、**より柔軟な労働契約形態の導入**である。実

際、政府は正社員と非正規雇用の極端な差を緩和すべく、職務、勤務地、労働時間を限定した「多様な正社員」の普及を政策として掲げているが、雇用条件、特に解雇に関するルールが明確でないために導入が進んでいるとは言えない。

たとえば在日米国商工会議所は、従業員の勤続年数に応じた所定の解職手当を支払うことで雇用契約を解除する権利を企業に認める柔軟な「正社員」の契約形態の創設を検討するよう提言している。この契約の導入は、就業もしくは再就業を望む女性を雇用する企業側のインセンティブを高め、結果として男女賃金格差の縮小も促すだろう。[1]

2．男女賃金格差の開示義務化

男女の賃金平等はほぼすべての国で大きな課題となっているが、日本は男女格差が25％とOECD諸国の中でも特に顕著で、少なくともOECD諸国平均の14％までかなりの改善余地がある。この点で期待が持てるのは、「**同一労働同一賃金**」の原則を定めた法律が成立し、2020年4月から大企業で（2021年4月からは中小企業でも）施行されたことである。この新法は、**非正規（有期労働契約）雇用者の不合理な待遇を禁じ、正規と非正規の別を問わず、職務内容が同じで職務能力、経験、業績も同等であれば同等の基本給を支払うことを企業に義務**

付けている。 非正規労働者が労働力全体に占める割合は15％から40％近くに拡大しており、通常その賃金は正規労働者の60％程度にとどまっている。女性は非正規労働者全体の実に70％を占めるため、**この法律によって女性の賃金は長期的に大きく上昇することになろう。**

一部の国で採用されている解決策として、**男女賃金格差の報告を政府が義務化すること**が挙げられる。『Harvard Business Review』に発表された賃金格差の開示義務化の影響に関する最近の実証研究は、**開示が実際に格差縮小につながっている**ことを示している[2]。このほかに、(1)女性の雇用増加（男女賃金格差の透明性向上による女性雇用者の供給プール拡大を示唆）、(2)ヒエラルキーの底辺から昇進する女性の増加――などによる効果も期待できる。

日本でもその他の国と同じように男女賃金格差の報告を義務化すれば、当然ながら抵抗にあうだろう。しかし、日本政府はすでに女性の活躍に関する情報開示の拡大を求めており、男女賃金格差に関する報告義務の追加は、女性の活躍の見える化と職場での男女平等の推進という政府の目標に完全に合致する。

3．女性の本格的就業を阻害する税制の歪みの是正

現行税制を既婚女性の本格的な就業を妨げない方向で見直す必要がある。**税と社会保障の**

「壁」が撤廃されれば、既婚女性がより高収入のフルタイム就業の機会を積極的に求めるようになるだろう。他の多くの先進国はすでに世帯から個人へ課税単位を変更しており、第二の稼ぎ手の税負担軽減は女性の就業拡大につながる可能性がある。

また、在日米国商工会議所は政府に対し、(1)柔軟な働き方を促進した企業に対する税制優遇措置、(2)企業・個人に対する家事支援（育児・介護）コストの税額控除、(3)現在就業していない配偶者の雇用または研修を奨励するための税制優遇措置――を提供するよう提言している。[3]

4. 議員クオータ制の導入

国会は日本に居住するすべての人の生活に影響を及ぼす政策を決定する機関であり、女性議員比率がこれほど低いことは大きな問題である。この慢性的な偏りを是正するために抜本的な施策が必要なことは明らかで、**時限的な国会議員クオータ制導入**を提案したい。多くの国が議員クオータ制を採用しており、日本でも、反発は予想されるものの、社会全体の必要性を適切に反映して恩恵をもたらす政策を策定・実施するためには必要と考える。

韓国も政治分野への女性進出が遅れていたため、２０００年に比例代表区の候補の30％を女性とすることを求める女性議員クオータ制を導入し、２００４年にはこの目標を50％に引き上げている。その結果、女性候補の比率は２０００年の5・9％から２００８年には14・7％へと2倍以上に上昇した。さらに、政府は各政党に小選挙区の候補者の30％以上を女性に割り当てるよう勧告し、これを奨励するために、勧告に従った政党に対する特別補助金を設けた。

これは1つの例にすぎないが、**日本でも女性議員の比率を高めるため、これに類似したクオータ制とインセンティブの導入を検討するよう勧めたい。**

5．女性の起業促進

制度化した企業構造を変えるには時間がかかるが、女性の起業を促進することで、多くの女性にとってより柔軟で望ましいキャリアパスを提供できる。中小企業は日本の企業総数の99％以上を占め、従業員数でも約70％を占めるが、**女性の起業の水準は依然として極めて低い**[4]。

起業を促進するため、政府は２０１６年度に「女性の活躍推進に向けた公共調達及び補助金の活用に関する取組指針」を決定した。この方針は、各府省が総合評価落札方式または企画競争によって公共調達を実施する場合、ワーク・ライフ・バランス等推進企業（「えるぼし」認定を受けた企業など）を加点評価することを定めている[5]。

これは助けにはなるが、女性の起業を後押しするために、政府にはもっとできることがあると当社は考えている。女性の起業に関する経済産業省のアンケート調査によると、女性が開業時に直面する特に大きな課題は「経営に関する知識・ノウハウ不足」「開業資金の調達」などであった。**政府は女性の立ち上げた事業に対し、政府調達における優遇措置、低金利融資の利用促進、メンターシップやネットワーキングのプログラム提供などのより積極的な支援策を提供する**べきである。

たとえば米国では、1998年の「女性事業法（Women's Business Ownership Act of 1988）」が女性の起業支援を目的とした政策、プログラム、官民イニシアチブの根拠となり、同法に基づき、中小企業局の年間助成金制度を通じて女性ビジネスセンターにシードファンディングが提供された。さらに1994年には、連邦政府調達契約の5％以上を女性企業家に振り分けることを目標として定めた法律が議会で可決された。

ゴールドマン・サックスでも2018年に「Launch With GS」という新たなイニシアティブを立ち上げた。これは、女性が設立、所有もしくは経営し、これから大きく羽ばたこうとする非公開企業に対し、当社やお客様の資金を合わせ5億ドルを投資するというもので、企業への直接の資金提供のほか、自らファンドを立ち上げようとする女性ファンド・マネージャーへのシード資金の提供を含む。

「女性が経営する事業には十分な投資が集まらない」と言われており、2017年の米国のベンチャー投資のうち、創業者が女性のみである企業への投資は全体のわずか2%、創業者のうち最低1人は女性である企業への投資も12%にとどまる。こうした状況を解決するために素晴らしいアイデアを持った女性の起業家に投資しようという試みだ。

6. 家事支援/保育・介護人材の受け入れ拡大のための入管規制緩和

最近創設された「特別技能」就労ビザにより、今後5年間に介護を含む5つのセクターで最大34万5000人の外国人労働者受け入れが可能になった。これに先立ち、政府は2015年に東京と大阪を含む5つの国家戦略特区で、認定を受けた事業者が雇用する外国人を使った日本人への家事支援サービスを解禁した。

これらは正しい方向に向けた歓迎すべきステップではあるものの、人手不足はまだ解消していない。2016年時点で介護施設で働く職員数は190万人だったが、厚生労働省の推計では、2045年には必要数はこれを55万人上回る245万人に達し、現在の介護職員数の伸びを前提とすると、6年後には33万7000人が不足することになる。

現在、日本では日本人と永住者による外国人家事支援人材の身元引き受けや雇用は認められていない。**一段の規制緩和を通じて、場合によっては期間限定の就労ビザや日本人と同等以上の賃金など特定の条件付きで、日本人と永住者による外国人の家事支援人材や介護人材の身元引き受けや雇用を可能にするべきである。**諸外国の例に見られるように、外国人材を増やすことは、保育と特に介護の分野の深刻な人手不足の解消に大きく貢献する可能性がある。

7．女性の活躍に関する情報開示要件の強化

日本政府が2016年の「女性活躍推進法」で国・地方公共団体と大企業に**女性の活躍に関する情報の開示と行動計画の策定・公表**を義務付け、女性の活躍の「見える化」を推進したことは賞賛に値する。しかし問題は、これに対応しない場合の罰則がないことと、どのような情報を開示するかが組織の判断に委ねられているために情報が標準化されておらず、業種間および企業間の比較が難しいことである。

そこで民間部門（特に上場企業）については、**女性の活躍に関する情報開示と目標設定を義務化するとともに、コーポレート・ガバナンス報告書で標準化する**ことを提言する。最低でも、上場企業には女性管理職と女性役員の比率と目標を開示するよう求めるべきである。そうした情報開示は当然ながら業界内企業間での女性人材をめぐる「健全な競争」を生み、ＥＳＧの観

点でジェンダーダイバーシティへの関心を強める国内外の投資家にとっても有益だろう。

企業

多くの業種が深刻な人手不足に直面し、状況は今後も悪化の一途を辿る見通しであることから、人材獲得競争の激化が見込まれている。さらに、働き方改革により時間外労働に上限が設けられた結果、企業は人材の採用・保持に加えて、雇用者一人当たりの労働時間が制限されるという問題にも直面することになった。このため、**ＩＴや自動化などへの投資を通じて生産性を向上するとともに、可能な限り最良の人材を採用する**方法を見出すことが生き残りのためには不可欠である。

こうした状況下で、日本の民間企業は次の５分野でジェンダーダイバーシティー推進を主導することができよう。

１．リーダーのコミットメントと女性社員のキャリアマネジメント強化

当社はこの20年、日本企業とダイバーシティについて数々の議論を交わしてきた。そこから

確実に言えるのは、ダイバーシティについて語るだけではなく、**女性を含む多様な人材が活躍できる環境を生み出すためにダイバーシティがビジネスにもたらす効果を絶えずアピールし、具体的な施策を推進している**ことが、「ダイバーシティの針を動かす」のに成功している企業の共通点の1つであるということだ。したがって、企業は人材の採用・保持・登用においてジェンダーダイバーシティに配慮した取り組みを進める必要がある。

たとえダイバーシティに関する報告要件が強化されなくても、**企業リーダーはダイバーシティの最終的な目標と女性人材の雇用・保持・登用の具体的な目標を積極的に開示するべきであり、確実な進捗が得られるよう、目標達成状況のモニタリングにも責任を負う必要がある。**

個々の従業員のレベルでも、**リーダーは女性のキャリアマネジメントにこれまで以上に配慮し、積極的な支援を行うべきである。**たとえば、有能な女性が上司（男女を問わず）の無意識のバイアスによりキャリアアップのための昇進機会を与えられないことはしばしばある。

ある日本の女性役員が語ったように、「ダイバーシティに対する企業の意識向上は歓迎すべきことだが、女性に優しくしすぎるのは禁物」である。この女性役員によると、日本企業では有能な女性が長く勤められるようにと生産や営業の第一線ではなく後方の事務管理部門に配置される傾向があり、結果として、重要な管理職への昇進機会を与えられるだけの勤続年数を経ても、必要な技能や経験が身についていなかったという例を数多く見てきたという。

ダイバーシティを意識するあまり「女性を甘やかす」という落とし穴にはまらないためには、**リーダーが女性にも通常以上のがんばりが必要な仕事や昇進機会を与えるなど、男性に対してと同様に厳しくする必要がある。**これは、キャリアがスタートして間もない、重要なライフイベントを迎える前の女性にとって特に重要で、復帰への意欲が低いまま離職してしまうと、職場に呼び戻すのは難しい。

検討に値するもう1つの海外のベストプラクティスは、従来型のメンターシップ制度より一歩踏み込んだスポンサーシップ制度である。一般にスポンサーシップのスポンサーはより多くの時間や労力を投じ、より大きな責任を負うため、メンターシップよりも受ける側（スポンシー）に合った効果的なキャリアマネジメントが可能になる。

2．より柔軟な勤務環境の実現

出産後に退職した女性がその理由として挙げたのは、育児休暇の有無や賃金格差だけではない。多くの女性は、硬直的な勤務時間や職場での働く母親に対する支援の欠如にもしばしば言及している（図表1参照）。したがって、**企業はより柔軟な勤務形態（ジョブ・シェアリングや在**

図表１：仕事を続けたかったが出産後に退職した女性が挙げた退職の理由（2016年）

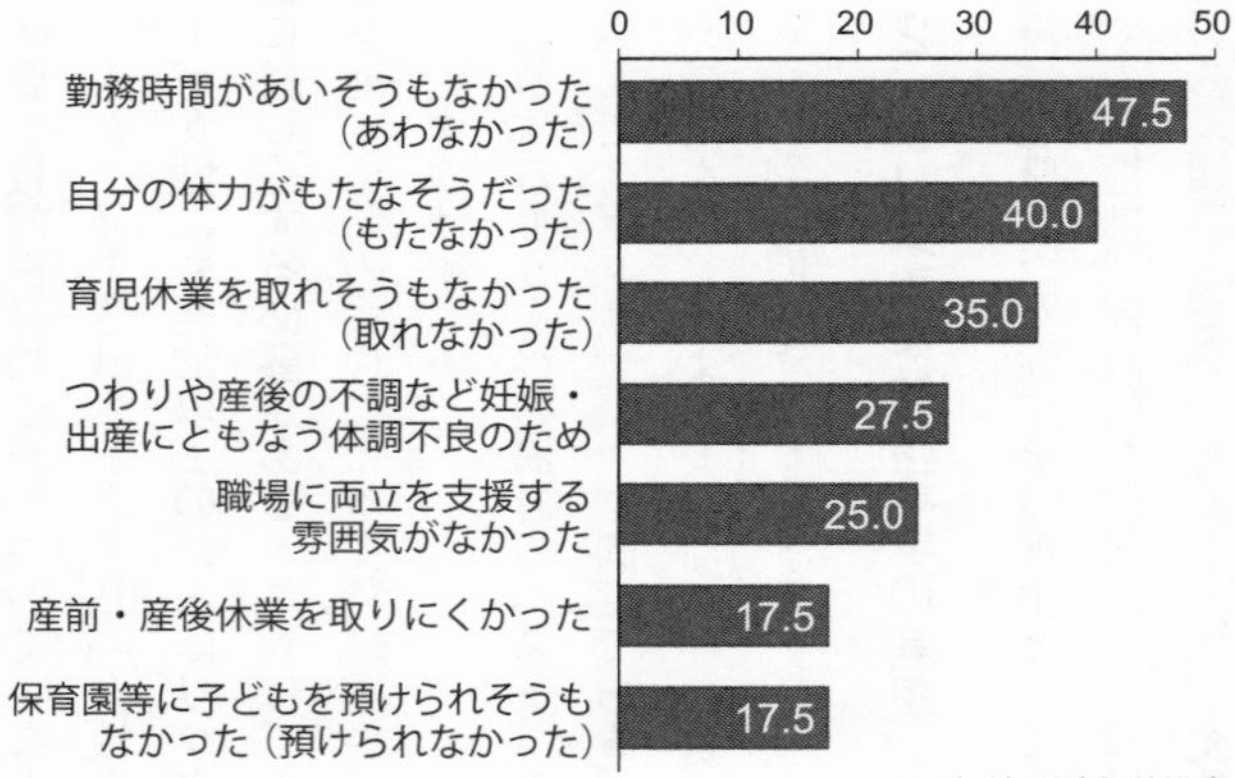

出所：厚生労働省

宅勤務など）の導入を推進し、かつ柔軟な勤務形態を選んだ従業員が報酬や昇進の面で差別されないようにすることが重要である。

その例として有用なケーススタディは、従業員に柔軟な勤務体系（勤務時間ならびに勤務地）を申請する権利を与え、雇用主がこの申請を考慮することを保証した英国の法制度で、２００３年の導入以来大きな成功を収めている。当初は働く親を対象としていたが、２０１４年より対象が勤務開始から26週間が経過した全従業員に拡大された。スウェーデンやオランダでも従業員に柔軟な勤務体系を申請する権利を与える類似の法律が施行されている。

日本にも柔軟な勤務体系を導入している企業は多いが、それを活用することで社内評価が低下するのではないかとの恐れから、制度を利用する社員の数は少ない。このため、**雇用側はフレックス制度が認められているばかりでなく、積極的に奨励されている環境を創出する必要がある。また、フレックス制度を利用し、なおかつシニア・ポジションに昇進した社員の例を紹介することも助けとなるだろう。**

3．成果に基づく評価制度

日本の女性就業率が低く、女性管理職の数も少ない根本的な原因の一つは、伝統的な日本企業の多くが今も実績や成果よりも年功序列や労働時間を重視しがちであることにある。このことはまた、日本が年間労働時間で先進国のトップに近く、日本の男性が家事や育児に費やす時間では最下位に近い位置にランクする大きな理由にもなっている。

このように深く定着した制度が変わるには長い時間を要すると考えられるが、人材確保のための厳しい競争や差し迫ったイノベーション・ニーズは多くの日本企業に評価制度の再考を迫っているとみられる。成果ベースの評価制度への移行は生産性を高めるにとどまらず、モチベーションの向上にもつながりうる。

4．ジェンダー・ダイバーシティの目標設定

政府が民間企業にジェンダー・ダイバーシティ関連の情報開示の改善を要求するばかりでなく、**企業も人材の採用や定着、昇進におけるダイバーシティ目標の設定・開示に今以上に積極的になることが可能であろう。**確実な進歩のため、シニア・マネジメントに進捗状況の監視と目標達成に対する責任を持たせることが望ましい。

また、企業はダイバーシティ環境ならびに目標をこれまで以上に透明化する施策を積極的に取り入れるべきである。この面での成功例の一つが**フィリップ モリス インターナショナル（PMI）**で、同社は２０１９年に多国籍企業としては世界で初めてＮＰＯ法人EQUAL-SALARY Foundationより「EQUAL-SALARY Certification」を獲得した。外部機関による全従業員の賃金の確認作業を含む詳細かつ綿密な監査プロセスを通して、「EQUAL-SALARY Certification」手続きはＰＭＩが世界90ヵ国以上の7万7０００人の従業員すべてに性別に関係なく同一の労働に対して同一の賃金を支払っていることを認証した。

なかでもフィリップ モリス ジャパン（ＰＭＪ）は２０１６年11月にスイス以外の企業では初めてEQUAL-SALARY Certification認証を得ている。

5．男性リーダーを巻き込んだダイバーシティ推進

心強い点として、過去20年間には日本国内でもダイバーシティ推進に力を入れる団体が多数誕生している。その代表に次の4団体が挙げられる。

- Women Corporate Directors（ＷＣＤ）日本支部：ＷＣＤ日本支部は日本企業における女性役員の登用推進を目指している（https://www.womencorporatedirectors.org/WCD/）
- J-Win：ジャパン・ウィメンズ・イノベイティブ・ネットワーク（J-Win）はジェンダー・ダイバーシティ・マネジメントの促進と、女性企業人への相互研鑽機会の提供およびネットワーキングの構築を支援するＮＰＯ法人である（https://www.j-win0.jp/）
- Association of Women in Finance（ＡＷＦ）：金融業界の仕事に携わる女性にキャリアを発展させ、幅広い人脈を作り、情報交換をし、同じように活躍する各国の女性と出会うための交流の場を提供することを目的とする東京ベースの組織（https://awftokyo.com/）
- For Empowering Women（ＦＥＷ）：有力なプログラムや交流の機会、定期的な意見交換を通じて結びついた、英語を話す世界志向の女性の団体（https://fewjapan.com/）

女性自身によるダイバーシティ推進に加えて、**リーダーの過半数を占める男性を活動に巻き**

込むことも重要である。２０１４年には森まさこ男女共同参画担当大臣（当時）の指揮の下、「輝く女性の活躍を加速する男性リーダーの会」が発足し、日本企業のダイバーシティ・リーダー１００名以上が参加した。[6] この会は、①女性活躍を加速するために自ら行動し、発信する、②現状を打破する、③賛同者のネットワーキングを進める、ことを宣言している。この取り組みは、オーストラリアの「変革を担う男性チャンピオンの会（Male Champions for Change）」―女性との共同作業と革新的戦略を通じて女性のエンパワーメント原則（ＷＥＰｓ）を生み出す原動力となった男性経営者たちのグループ[7]―を参考にしている。

男性リーダーを取り込んだダイバーシティ推進策のもう一つの成功例は「30％クラブ」である。30％クラブはＦＴＳＥ１００指数採用企業の女性役員比率30％の達成を目指し、２０１０年に英国でニュートン・インベストメント・マネジメントの元ＣＥＯ、ヘレナ・モリッシーによって設立された。これまでに60社以上の大手英国企業の会長が参加している。30％クラブの目的は、①ジェンダー・ダイバーシティの効果に対する企業リーダーの意識を高め、②議論を促し、③役員（執行、非執行）候補の女性の養成を支援することにある。設立以来、この取り組みは大きな成功を収め、ＦＴＳＥ－１００指数採用企業では女性役員比率が２０１０年の12・５％から２０１９年３月には31％に上昇した。30％クラブの成功を受けて、２０１９年春には日本支部が始動することになっている。[8]

社会

1. ウーマノミクスに関係する「誤った通説」を打ち消す

政府の政策や民間セクターでの取り組みにもかかわらず、ジェンダー・ダイバーシティの拡大を妨げている最大の障害は恐らく日本社会そのものである。2014年に発行したウーマノミクス関連レポートで、当社はウーマノミクスやジェンダー・ダイバーシティに関する誤った通説を打ち消すには一層の努力が必要であると述べた。こうした通説の中から、**(a)日本女性は結婚後は主に「プル要因」により退職する、(b)女性の就業率上昇は出生率を一段と低下させる、**の2点に改めて注目する。

通説：日本女性は「プル」要因のみで退職する？

米国の非営利シンクタンク、センター・フォー・ワーク・ライフ・ポリシー（CWLP）が、2011年に日本の女性の退職が諸外国より多い理由に関する調査（回答者1582人）を行

図表2：退職理由――日本では「プル」要因よりも「プッシュ」要因を挙げる女性が多い（%）

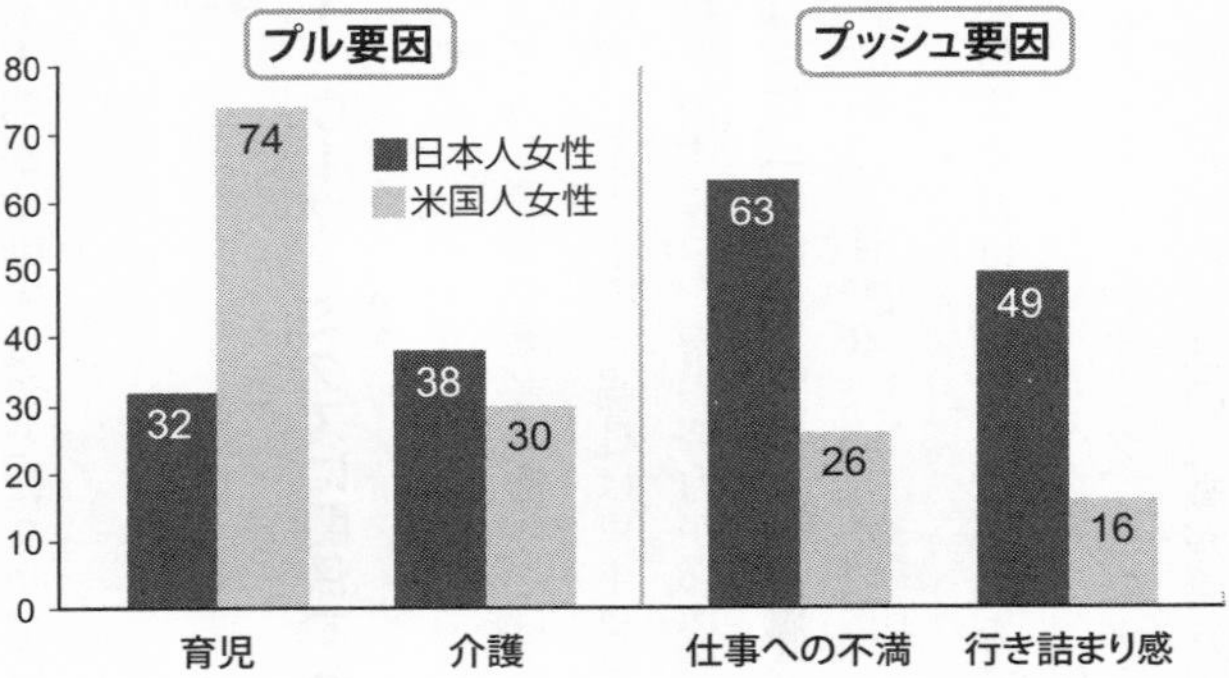

出所：センター・フォー・ワーク・ライフ・ポリシー（CWLP）

った。[9]

その結果、日本女性の場合は育児や親の介護（すなわち「プル」要因）が労働市場からの退出の最大の理由ではないことがわかった。たとえば、育児を理由に挙げた回答者の割合は日本ではわずか32％であるのに対し、米国では74％に上った（図表2参照）。一方、日本では「プッシュ要因」を理由に挙げた回答者が多く、そのうち仕事への不満は63％、キャリアの行き詰まりは49％に達し、米国の26％、16％をいずれも大きく上回った。

ここから読み取れるのは、**育児・介護サービスの拡大など「プル」要因に対処する政策は必要であるが、それだけでは十分とは言えないということである。プッシュ要因に対処するには、組織内の変革―とりわけ子どもを持つ働く女性を対象と**

する積極的なキャリア・マネジメント—も不可欠である。こうした要因の多くは女性のキャリア軌跡をどう管理するかばかりでなく、組織内のカルチャーやダイバーシティ意識とも関係している。

通説：女性の就業率上昇は出生率の低下を招く

働く女性が増えると、ただでさえ低い出生率が一段と低下し、少子高齢化に拍車がかかるという見方は今でも広く支持されている。しかし、以前から示してきたが、実際にはそれと真逆の結果となっている。図表3は各国の女性就業率と出生率を対比させたグラフであるが、**両者の間には明らかに—負ではなく—正の相関が認められる。つまり、スウェーデンやデンマーク、オランダなど女性の就業率の高い国で出生率が高く、就業率が低い国で出生率が低いのである。**

そして、これと同じ関係が日本の47都道府県でも観察されている（図表4参照）。

2. メディア：男女の役割像に関するステレオタイプの是正

他のどの国でも同じだが、日本でもメディアは男女の役割に関する社会認識の形成に多大な影響力を持っている。２０１７年11月に日本政府が開催した第４回国際女性会議ＷＡＷ！のハ

図表3：各国の女性就業率と出生率の間には負ではなく正の相関が存在する（%、2017年）

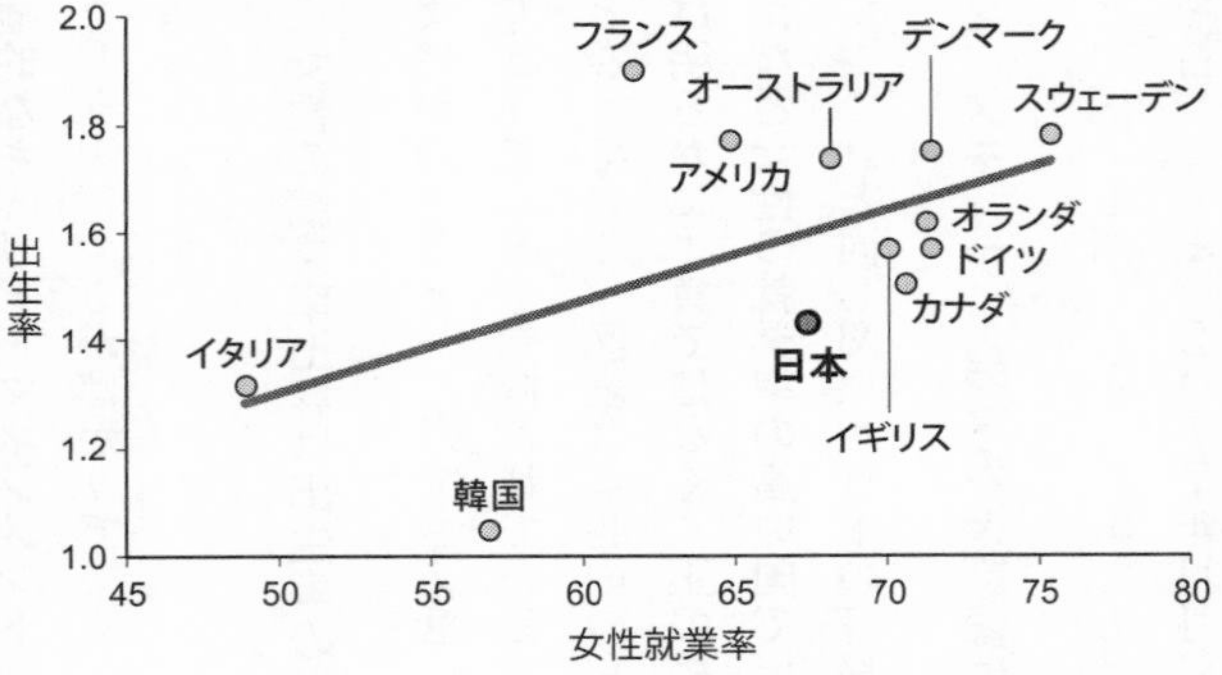

出所：厚生労働省、OECD

図表4：日本国内でも同じ状況がみられる——女性就業率と出生率には正の相関

（47都道府県の女性就業率と出生率、%、2017年）

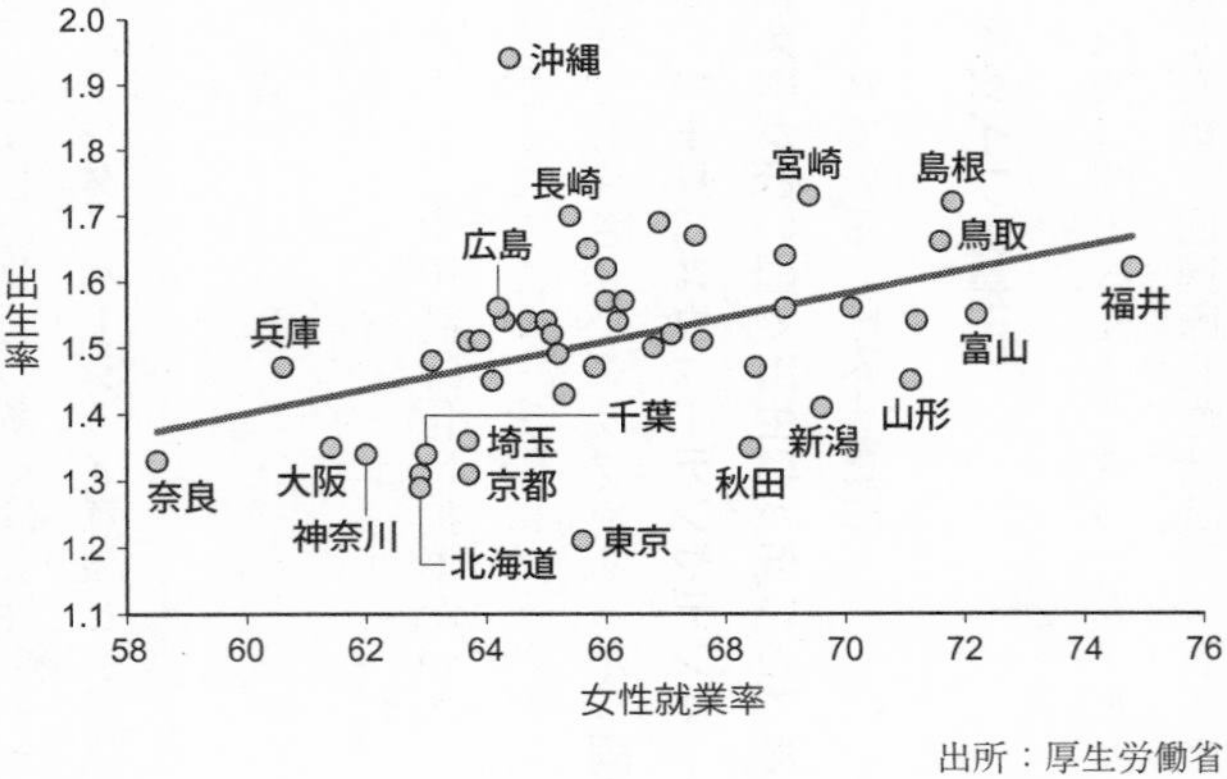

出所：厚生労働省

イレベル・ラウンドテーブル「メディアにおける女性」では、メディア業界に女性の管理職が5％程度しかおらず、日本国内の新聞5紙が2015年の「女性活躍推進法」に関する情報開示を十分に行っていないことが指摘され、業界自体が男女平等を推進する上でより積極的役割を果たしていく必要があることが強調された。

同ラウンドテーブルではメディア業界の企業に対し、**（父親ばかりではなく）両親が働いている状況を描いたコンテンツの制作を増やす、男性が家事を「手伝う」ではなく「分担する」に変えるなど、表現に配慮すること**を求めるといった具体的提言がなされた。

3．教育：STEM（科学・技術・工学・数学）分野への女性進出の奨励

日本は女性の大卒比率が男性よりも高く、日本女性の教育水準はOECDでもトップレベルであるにもかかわらず、コンピュータ科学やエンジニアリングを専攻する女子学生の割合はそれぞれ20％、18％にとどまる。

テクノロジーの発展に伴い世界は急激に知識ベース、デジタル・ベースの社会に移行しつつあり、将来的にこうした技術破壊の影響を受けやすい低付加価値の職業では女性が高いシェアを占めることから、**日本でも教育と職業の両面で女性のSTEM分野進出を促す施策を速やか**

に実行することが不可欠である。

具体的には、**①科学・技術関連で起業するなどＳＴＥＭ分野で成功を収めた女性のロールモデルを学校やメディアで紹介する、②中学校や高校にＳＴＥＭメンター・プログラムを立ち上げ、大学進学前に科学への関心を高める助けとする、③女性の再就職を容易にするため、ＳＴＥＭ関連の資格の認証システム**（法律や財務、会計、税務などの資格で既に存在する認証システムに類似したもの）**を構築する**、などの対策が考えられる。

２０１８年には、東京医科大学が男性医師の確保を目的に過去10年以上にわたり女性受験者の得点を一律に減点していたことが明らかになった。これは非常に憂慮される事態だが、結果として日本の男女差別の「暗い影」が漸く注目されるようになったことは、こうしたスキャンダルの肯定的側面である。

注

1　在日米国商工会議所の意見書「労働契約法の柔軟化による社会的格差の解消と経済成長の実現へ」参照（http://accj.or.jp/en/advocacy/viewpoints/）。

2　２０１９年1月23日の『Harvard Business Review』に掲載されたMorten Bennedsen、Elena Simintzi、Margarita Tsoutsoura、Daniel Wolfenzonの「Gender Pay Gaps Shrink When

Companies Are Required to Disclose Them」参照。同研究は２００６年の法律「Act on Gender Specific Pay Statistics」施行前後のデンマークの賃金統計に基づいている。

3 在日米国商工会議所ウイメン・イン・ビジネス（ＷＩＢ）委員会の「いまだ手付かずの潜在能力」（２０１６年）参照。

4 成人女性人口に対する比率（％）で見た「総合初期起業活動（ＴＥＡ）比率」と定義。Niels Bosma と Donna Kelley の「Global Entrepreneurship Monitor 2018-2019 Global Report」参照。

5 政府は女性活躍推進法に基づく行動計画の開示を奨励するため、一定の条件を満たし、女性の活躍推進に関する状況などが優良な企業を「えるぼし」認定する制度を導入した。内閣府の英文パンフレット「Women and Men in 2018」参照。

6 内閣府ＨＰ「輝く女性の活躍を加速する男性リーダーの会」(http://www.gender.go.jp/policy/sokushin/male_leaders/)

7 詳細は「Male Champions of Change website」(https://www.humanrights.gov.au/male-champions-change) を参照されたい。

8 https://30percentclub.org/about/chapters/japan

9 Sylvia Ann Hewlett and Laura Sherbin による「センター・フォー・ワークライフ・ポリシー」（２０１１年）'Off-Ramps and On-Ramps Japan: Keeping Talented Women on the Road to Success,' を参照。

ラクレとは…la clef=フランス語で「鍵」の意味です。
情報が氾濫するいま、時代を読み解き指針を示す
「知識の鍵」を提供します。

中公新書ラクレ
693

ゴールドマン・サックス流《りゅう》
女性社員《じょせいしゃいん》の育《そだ》て方《かた》、教《おし》えます
励《はげ》まし方《かた》、評価方法《ひょうかほうほう》、伝《つた》え方《かた》　10ケ条

2020年７月10日発行

著者……キャシー松井《まつい》

発行者……松田陽三
発行所……中央公論新社
〒100-8152 東京都千代田区大手町 1-7-1
電話……販売 03-5299-1730　編集 03-5299-1870
URL http://www.chuko.co.jp/

本文印刷……三晃印刷
カバー印刷……大熊整美堂
製本……小泉製本

Published by CHUOKORON-SHINSHA, INC.
Printed in Japan　ISBN978-4-12-150693-1　C1236

中公新書ラクレ　好評既刊

L493
駆け出しマネジャーの成長論
―7つの挑戦課題を「科学」する

中原　淳 著

「突然化」「二重化」「多様化」「煩雑化」「若年化」とよばれる5つの職場環境の変化で、いま3割の新任マネジャーはプレイヤーからの移行に「つまづく」。成果を出すためには、何を克服すべきか？　人材育成研究の知見と、マネジャーたちへの聞き取り調査をもとに「マネジャーになることの旅」をいかに乗り越えるか考える。2014年度「HRアワード」にノミネートされた作品。

L605
新・世界の日本人ジョーク集

早坂　隆 著

シリーズ累計100万部！　あの『世界の日本人ジョーク集』が帰ってきた！　AI、観光立国、安倍マリオ……。日本をめぐる話題は事欠かない。やっぱりマジメ、やっぱり英語が下手で、曖昧で。それでもこんなに魅力的な「個性派」は他にいない！　不思議な国、日本。面白き人々、日本人。異質だけれどスゴい国。世界の人々の目を通して見れば、この国の底力を再発見できるはずだ。激動の国際情勢を笑いにくるんだ一冊です。

L611
50歳からの人生術
―お金・時間・健康

保坂　隆 著

人生後半の質は、自分自身で作るもの。お金があるからといって幸せとは限らない――。精神科医として長年中高年の心のケアをしてきた著者は、人生後半で大切なのは「少ないお金でも心豊かに過ごすこと」だと説く。定年を意識し始める50歳から、「老後のためにお金を貯める」のではなく「今を大切にしながら暮らしを考える」ことで、お金の不安を静かに解きほぐし、「楽しい老後」への道を開く！　心が軽くなるスマートな生き方のヒントが満載。

L613

英国公文書の世界史
——一次資料の宝石箱

小林恭子 著

中世から現代までの千年にわたる膨大な歴史資料を網羅する英国国立公文書館。ここには米国独立宣言のポスター、シェイクスピアの遺言書、欧州分割を決定づけたチャーチルの手書きメモから、夏目漱石の名前が残る下宿記録、ホームズへの手紙、タイタニック号の最後のSOS、ビートルズの来日報告書まで、幅広い分野の一次資料が保管されている。この宝石箱に潜む「財宝」たちは、圧巻の存在感で私たちを惹きつけ、歴史の世界へといざなう。

L625

AIと日本企業
——日本人はロボットに勝てるか

榊原英資＋竹中平蔵＋田原総一朗 著

人工知能（AI）、ロボティクス、IoT、ビッグデータ技術の活用で、人々の仕事が奪われていく。あなたの仕事は大丈夫か？ ▼日本の大企業が、自滅するのはなぜか。▼メガバンクが大量リストラするのはなぜか。▼仮想通貨の正体とは。▼中国アリババの急成長の真相は。▼大転換期に生き残る秘策とは。……など。ニッポンを動かしてきた3人の巨匠が炎上必至の言いたい放題。日本経済が2時間でわかる！

L636

不動産投資にだまされるな
——「テクニック」から「本質」の時代へ

山田寛英 著

ハードルが下がり続ける不動産投資。しかし不動産に特化した会計事務所を手がける著者は「安易に手を出す風潮は危うい」と警鐘を鳴らす一方、「富裕層の多くが不動産投資を学んでいるのは事実で、もっと多くの人がその本質を知るべき」とも主張する。不動産投資家となれば、それは弱肉強食の世界で生きることを意味し、だまされたら負け。それでも実在する生き残る術とは一体？ これでもう業者にも小手先のテクニックにも「だまされない」！

L637

新装版 役人道入門
——組織人のためのメソッド

久保田勇夫 著

中央官庁で不祥事が相次ぎ、「官」への信用が失墜している。あるべき役人の姿、成熟した政と官のあり方、役人とは何か？ 「官僚組織のリーダーが判断を誤ればその影響は広く国民に及ぶ」。34年間奉職した財務官僚による渾身の書を緊急復刊！ 著者の経験がふんだんに盛り込まれた具体的なノウハウは、指導者の地位にある人やリーダーとなるべく努力をしている若手など、組織に身を置くあらゆる人に有効な方策となる。

L643

街間格差

——オリンピック後に輝く街、くすむ街

牧野知弘 著

「家を買うなら五輪後」とまことしやかに語られる東京23区。しかしこの瞬間、大きな変化はすでに起こっていた！ 不動産事情に詳しい著者曰く、「働き方改革」に象徴されるライフスタイルの変化に伴い、住まい探しの絶対的価値基準「沿線ブランド」「都心まで○分」が崩壊。各街の〝拠点化〟が進んだ先に新たな格差が露呈し始めたという。湾岸タワマン、団地、観光地――。東京で暮らすなら、足元に迫る「街間格差」に今すぐ備えよ！

L650

観光亡国論

アレックス・カー＋清野由美 著

右肩上がりで増加する訪日外国人観光客。京都を初めとする観光地へキャパシティを超えた観光客が殺到したことで、交通や景観、住民環境などで多くのトラブルが生まれた状況を前に、東洋文化研究家のアレックス・カー氏は「かつての工業公害と同じ」と主張する。本書はその指摘を起点に世界の事例を盛り込み、ジャーナリスト・清野氏とともに建設的な施策を検討していく一冊。真の観光立国となるべく、目の前の観光公害を乗り越えよ！

L656

ハラスメントの境界線

——セクハラ・パワハラに戸惑う男たち

白河桃子 著

ハラスメント対策が問われる時代。雇用する側、される側の正しい未来像とは。委縮する現場環境を是正し、個人のキャリアや企業の新しいリスクマネジメント、生産性が高く働きやすい職場づくりのために欠かせない「セクハラ、パワハラの意識と行動のアップデート」を促す。「働き方改革実現会議」の一員として、法改正などの議論の渦中にいる著者の実態調査と最新対策事情。「これからの働きやすい会社のかたち」を提案する。

L685

「第三者委員会」の欺瞞

——報告書が示す不祥事の呆れた後始末

八田進二 著

不祥事を起こした企業や行政組織が、外部の専門家に委嘱して設置し、問題の全容解明、責任の所在の明確化を図るはずの「第三者委員会」。だが、真相究明どころか、実際は関係者が身の潔白を「証明」する〝禊のツール〟になっていることも少なくない。調査中は世間の追及から逃れる〝隠れ蓑〟になり、ほとぼりも冷めかけた頃に、たいして問題はなかった――と太鼓判を押すような報告書もあるのだ。第三者委員会を徹底分析する。